Unforgettable Places

STEVE DAVEY

Unforgettable Places

Die 40 schönsten Reiseziele, die Sie gesehen haben müssen

BRUCKMANN

BBC BOOKS

12 ANGKOR WAT, KAMBODSCHA

18 ST. PETERSBURG, RUSSLAND

36 GRAND CANYON, USA

42 TAJ MAHAL, INDIEN

60 AITUTAKI, COOK-INSELN

66 KUKULKÁN-PYRAMIDE, MEXIKO

84 IGUAÇU, BRASILIEN/ARGENTINIEN

90 PETRA, JORDANIEN

108 RIO DE JANEIRO, BRASILIEN

114 TAMAN NEGARA URWALD, MALAYSIA

24 HAVANNA, KUBA

30 WAT PHRA KEO, BANGKOK, THAILAND

48 EILEAN DONAN CASTLE, SCHOTTLAND

54 DIE ALHAMBRA, SPANIEN

72 VENEDIG, ITALIEN

78 TOTES VLEI, NAMIBIA

INHALT

96 COLLEGE FJORD, ALASKA

102 KARNAK-TEMPEL, LUXOR, ÄGYPTEN

120 JAISALMER FORT, RAJASTHAN, INDIEN

126 GALAPAGOSINSELN, ECUADOR

132 MANHATTAN ISLAND, USA

138 AMANTANIINSEL, TITICACASEE

156 SANTORIN, GRIECHENLAND

162 DAS AMPHITHEATER, SÜDAFRIKA

180 LALIBELA, ÄTHIOPIEN

186 MACHU PICCHU, PERU

204 HERON ISLAND, AUSTRALIEN

210 LHASA, TIBET, CHINA

228 EPHESOS, TÜRKEI

234 DER BUND, SHANGHAI, CHINA

144 MONETS GARTEN, GIVERNY, FRANKREICH

150 NGORONGOROKRATER, TANSANIA

168 SANSIBAR, TANSANIA

174 MAKALU, HIMALAJA, NEPAL

192 ULURU, AUSTRALIEN

198 DIE »GHATS«, VARANASI, INDIEN

216 YANGSHUO, GUILIN, CHINA

222 DUBROVNIK, KROATIEN

240 SAMARKAND, USBEKISTAN

246 KILLARY HARBOUR, IRLAND

Einleitung

Was ist ein Traumort? Natürlich ein Ort, den man ein Leben lang in Erinnerung behält, aber für mich ist er mehr als das. Es ist ein Ort, der so außergewöhnlich ist, dass man ihn irgendwann selbst sehen und erleben muss. Wenn Sie einmal Indien bereist haben, werden Ihnen so manche Aspekte über den dortigen Alltag einfallen. Doch der eigentliche Auslöser könnte der Wunsch gewesen sein, einmal in Ihrem Leben die zeitlose Schönheit des Taj Mahal zu bewundern. Das vorliegende Buch enthält meine persönliche Auswahl von 40 Traumorten. Bestimmte Orte dieser Welt, z. B. Taj Mahal, Uluru (Ayers Rock), der Grand Canyon, Manhattan und Machu Picchu, sind Teil des kollektiven Gedächtnisses. Sie alle zählen bei den meisten Zeitgenossen zu den bevorzugten Zielen, die man einmal besuchen möchte, und es wäre unsererseits töricht gewesen, sie wegen ihrer hohen Bekanntheit nicht ins Buch aufzunehmen. Sie alle sind es wert, dass wir sie mindestens einmal in unserem Leben besuchen sollten – dieses Buch soll daran erinnern.

Gleichzeitig habe ich versucht, auch weniger bekannte Orte zu präsentieren sowie solche, deren Besuch Sie vielleicht nie erwogen haben. Indem ich sie hier vorstelle, werden Sie sie hoffentlich auf Ihre Wunschliste der Traumziele setzen. Die legendäre Stadt Samarkand, die verborgenen Felsenkrichen von Lalibela und selbst Sansibar mit seinem Straßengewirr, sie alle verdienen es, mehr gewürdigt zu werden. (Die Karte auf den Seiten 252–253 vermerkt die Lage aller besprochenen Orte.)

Ich habe auch Orte aufgenommen, die in meinen Augen typisch für eine bestimmte »Gattung« sind. Haben nicht viele von uns auch davon geträumt, einmal »den Dschungel« oder einen wirklich grandiosen Wasserfall zu sehen? Nun, dieses Buch enthält solche Orte; Sossusvlei etwa ist die erstaunlichste Wüste, Taman Negara der älteste Urwald der Welt, die Iguaçu-Fälle können als schönste ihrer Art gelten und der Ngorongorokrater ist der spektakulärste Ort, um in Afrika Tiere in freier Wildbahn zu beobachten.

Viele Orte, die ich ausgewählt habe, sind auf irgendeine Art herausragend. Doch werden Sie mir immer zustimmen? Ehrlich gesagt, das bezweifle ich. Denn von seinem Wesen her ist dieses Buch zugleich sehr persönlich. So wurde ich gefragt, weshalb Paris fehle; wenn ich nur eine einzige romantische Stadt Europas dieser Liste hinzufügen wollte, so ist – ich muss es gestehen – ein trübes Venedig Paris jederzeit um Längen voraus. Jeder von uns hat eine eigene »Hitliste« von »Traumorten«. Doch die vorliegende Auswahl ist meine »Hitliste« und als solche das Ergebnis jahrelangen Reisens.

Ich war bestrebt, diesem Buch Direktheit zu verleihen. Von jedem der vorgestellten Orte gibt es Abertausende Fotos, doch anstatt auf vorhandenes, oft überholtes Material oder auf Perspektiven zurückzugreifen, die für den Durchschnittsreisenden unerreichbar sind, entschieden wir uns für Neuaufnahmen. So kam es, dass mein Gefährte, der Fotograf Marc

Schlossman, und ich die meisten Aufnahmen aus diesem Buch in nur neun Monaten machten, sodass für jeden Ort nur ein paar Tage blieben. Wir erlebten diese Orte deshalb ähnlich wie die meisten Reisenden. Dies ist deshalb kein Buch spektakulärer Perspektiven, denn wer drei bis vier Tage auf den Galápagosinseln, in Rio, Venedig oder im Ngorongorokrater verbringt, kann nur das sehen, was auch das Buch zeigt. Mitunter bedecken mehr Wolken den Himmel als auf den Postkarten, manchmal sind die Verhältnisse alles andere als ideal. Gerade deshalb wollte ich mit diesem Buch einiges von unserer damaligen Begeisterung einfangen.

Mein Ziel war darüber hinaus, ein Gefühl für einen bestimmten Ort zu vermitteln. Sofern es angemessen war, vermied ich Verallgemeinerungen und konzentrierte mich auf einen, aber spezifischen Standort, auf einen Ausschnitt, der die Welt in ihrer Schönheit nahe zu bringen vermag. Für New York kann dies nur Manhattan Island sein, für das 2000 Kilometer lange Große Barriereriff muss es Heron Island sein, eines der wenigen Korallenriffe am Barriereriff, wo man übernachten kann.

Man wird zwar gern im Buch schmökern, gleichzeitig hoffe ich, dass es die Leser auch anregt, auf Reisen zu gehen. In einer Zeit, in der sich die Menschen wegen Terrorismus, Krankheiten und politischer Instabilität sorgen, habe ich mich immer wieder gefragt, ob es richtig sei, in der Welt herumzureisen. Auf meinen Flügen und Einzelerkundungen, auch durch Gegenden, die für ihren schlechten Ruf bekannt waren, wurde ich kein einziges Mal beraubt oder bedroht, nie ist ein Gepäckstück verloren gegangen. Ich ging allein die Copacabana entlang, bepackt mit meiner ganzen Fotoausrüstung, wanderte durch den Urwald, besuchte Krisengebiete, ohne je einem westlichen Touristen zu begegnen, und überall wurde mir besondere Gastfreundschaft entgegengebracht. Natürlich passieren während einer Reise auch schlimme Dinge, doch ist dies weitaus seltener der Fall, als man denkt.

Reisen schaffen Erinnerungen, darunter unvergängliche, solche, an denen auch Freunde und Angehörige anhand Ihrer Fotos teilhaben, wie z. B. ein Sonnenaufgang in Ankor Wat, der Uluru im Abendrot, der erste Anblick des Markusplatzes in Venedig vom Boot aus. Dies sind unauslöschliche Erinnerungen. Dazu kommen auch »kleine«, persönliche Erinnerungen, die man nicht teilen kann: das gemeinsame Lagerfeuer mit einem Beduinen in den Bergen bei Petra, das Feilschen um Gewürze in einem usbekischen Basar, ein Picknick mit einer tibetischen Großfamilie nach einem Fest in Lhasa. Diese Erfahrungen kann man nicht erkaufen. Wer seine Sinne öffnet für Sehenswürdigkeiten, Gerüche, Gefühle und Erfahrungen, der gewinnt Lebensfreude. So hoffe ich, dass dieses Buch Sie anregt, zumindest zu einigen der hier vorgestellten Traumorte zu reisen, um sich eigene unvergängliche Erinnerungen zu schaffen.

Steve Davey, 2004

Angkor Wat

Kambodscha

Obwohl der Wald um Angkor Wat längst gebändigt wurde, kann man sich unschwer vorstellen, wieso es für den Rest der Welt jahrhundertelang »verschwunden« war, bis der französische Forscher Henri Mouhot die vom Dschungel überwucherte Stätte 1860 wiederentdeckte.

Die Tempelanlage Angkor war die Hauptstadt des Khmer-Reiches, das vom 9. bis 15. Jahrhundert währte, bis es durch die vordringenden Thai 1431 zerstört wurde. Es erreichte seine Blüte im 12. Jahrhundert, als zunächst König Suryavarman II. Angkor Wat errichten ließ und später die Residenz von Angkor Thom entstand.

Angkor Wat symbolisiert im Hinduismus den Weltenberg Meru und den Sitz der Götter. Ein Steindamm teilt einen Wassergraben und führt zur rechteckigen dreistufigen Tempelpyramide, deren Haupteingang nach Westen ausgerichtet ist. Die dritte Tempelterrasse, einst den

Angkor Wat spiegelt sich bei Sonnenaufgang im nördlichen Wasserbecken, Siem Reap

Mönche schreiten die Stufen von der dritten Tempelterrasse des Angkor Wat hinab.

Priestern und dem König vorbehalten, wird von vier Ecktürmen flankiert, während in der Mitte der 65 Meter hohe Hauptturm aufragt. Ursprünglich wurde der Tempel für den Hindugott Shiva errichtet, doch unter König Jayavarman VII. (1181– um 1218) wurde es zu einem buddhistischen Heiligtum umgewidmet, wovon die Buddhafiguren zwischen den Galerien zeugen.

Selbst nach 800 Jahren Plünderung und Erosion beeindruckt die meisterhafte Ausführung der Ausgestaltung und verblüfft die Detailfülle der Skulpturen und Reliefs. Mit Flachreliefs ausgeschmückte Galerien – die längsten der Welt – schildern Themen aus dem Epos »Mahabharata«, Schlachten aus der Khmer-Geschichte sowie Warnungen vor den Höllenqualen.

Den schönsten Blick auf den Tempel genießt man im goldenen Morgenlicht, wenn die Sonnenstrahlen auf die steinernen

Junge Mönche auf der ersten Tempelterrasse von Angkor Wat

Apsaras auf steinernen Flachreliefs auf der dritten Tempelterrasse von Angkor Wat

Apsaras, die Himmelstänzerinnen, am Sockel des Mittelturms fallen und sie zum Leben zu erwecken scheinen. Angesichts dieser stillen Schönheit fällt es schwer, sich vorzustellen, dass dieser Ort eine der letzten Zufluchtstätten der berüchtigten kommunistischen Roten Khmer war; davon zeugen jedoch die Einschussspuren an den Steinen des Tempels.

Direktflüge aus Thailands Hauptstadt Bangkok haben zur Erschließung der Tempelstadt Angkor Wat beigetragen, die von immer mehr Touristen besucht wird. Die meisten ziehen es vor, am nördlichen Wasserbecken die aufgehende Sonne festzuhalten, wer aber die Stille und Abgeschiedenheit sucht, sollte zur dritten Terrasse emporsteigen. Dahin führen steile, ausgetretene Treppen, eine Anspielung

Blick von der dritten auf die zweite Terrasse und auf die umgebenden Bäume

darauf, wie beschwerlich der Weg zum Himmel ist. Einst den Priestern vorbehalten haben heute auch Reisende Zugang zur obersten Tempelterrasse – vorausgesetzt man startet früh am Morgen.

Sie scheint für den Sonnenaufgang wie geschaffen zu sein. Goldene Strahlen gleiten durch die von Säulen unterteilten Fenster und erhellen Details, die Augenblicke später, im gleißenden Licht des Tages, erlöschen, während einige der schönsten Apsaras – man begegnet ihnen am Hauptturm – im Morgenlicht kurz sichtbar werden, um kaum zwanzig Minuten später wieder im Schatten zu entschwinden.

Dieses Schauspiel findet manchmal eine halbe Stunde vor Ankunft der ersten Touristen statt, die den Sonnenaufgang beobachten wollen. Die meisten kommen erst später, wenn die Sonne unbarmherzig brennt und die Atmosphäre längst nicht mehr stimmungsvoll ist.

Unbedingt sehenswert in Angkor Wat sind ferner die Tempel Bayon und Ta Phrom. Der etwas kleinere und später erbaute Bayon-Tempel ist von übergroßen Buddhafiguren aus Stein überzogen; er

In Stein gemeißelte Apsaras am Mittelturm, dem zentralen Heiligtum von Angkor Wat

Sonnenstrahlen dringen durch die von Pfeilern unterteilten Fenster im Arkadengang der dritten Tempelstufe von Angkor Wat

markiert vermutlich die Übergangsphase der Khmerkultur vom Hinduismus zum Buddhismus. Ta Phrom ist ein heute weitgehend verfallener Tempelkomplex, in dem die Banyan- und Kapokbäume aus den Sandsteinquadern herauszuwachsen scheinen und ihr gewaltiges Wurzelwerk diese so fest umschließt, dass jeder Versuch, sie zu trennen, aussichtslos ist.

Angkor Wat ist mit dem Flugzeug von Bangkok, Thailand, aus erreichbar. Bangkok Air fliegt mehrmals täglich hin und zurück. Nach Siem Reap, dem Ausgangspunkt für Touren nach Angkor Wat, gelangt man per Flugzeug von Phnom Penh aus oder mit dem Boot über den See Tonle Sap. Die Überfahrt dauert fast einen Tag, ist aber ein besonderes Erlebnis. Das Zimmerangebot reicht von preiswerten Gästehäusern bis zum exklusiven Amansara Resort. Für den Besuch der Ruinen gibt es ein-, drei- oder siebentägige Karten – eine Dreitagekarte kostet etwa 50 US-$ – und man benötigt ein Foto. Die Tempelanlage ist recht abgelegen, aber in besseren Hotels kann man einen Führer samt Auto buchen oder in der Stadt ein Fahrrad, Motorrad oder Motorrad-Taxi mieten.

Sankt Petersburg
Russland

Wenn es einen Ort gibt, der eine Jahreszeit in Erinnerung ruft, so ist es im Fall von Sankt Petersburg der tiefe Winter, mit schneebedeckten Statuen, einem Atem, der zu gefrieren scheint, und dem Winterpalast, der sich jenseits der vereisten Newa aus dem Nebel erhebt.

Im Winter durch Russland zu reisen, das ist nicht leicht, aber es ist die Jahreszeit, in der man das Wesen der Stadt und des russischen Volkes am besten kennen lernt. Und in der die Zaren die Stadt zu besuchen pflegten. Sie ließen den Winterpalast erbauen, um hier zu residieren und sich während des langen, dunklen Winters zu amüsieren. Wer aus den Innenräumen einen Blick durch die frostbeschlagenen Fenster wirft, wird dieselbe Eislandschaft entdecken, die sich auch schon Katharina der Großen seinerzeit bot.

Blick auf die Eremitage, die Admiralität und die Isaak-Kathedrale

Sankt Petersburg wurde von Peter dem Großen 1703 gegründet und der Winterpalast wurde 1762 vollendet. Die Schaffung einer Stadt nach europäischem Vorbild an der Westgrenze des Reiches und die Verlegung der Hauptstadt aus dem »asiatischen« Moskau hierher in den Westen, ins Mündungsdelta der Newa, sind Sinnbild für den Anschluss Russlands an Europa. Die Romanow-Dynastie stieg zu einem der führenden Herrscherhäuser Europas auf und rang mit Frankreich und Österreich-Ungarn um die Vormacht. Der Winterpalast ist ihre wohl bedeutendste bautechnische Leistung.

Statue Katharina der Großen

Sankt Petersburg steht schon seit 300 Jahren im Mittelpunkt europäischer Geschichte. Hier wurde der Zar vertrieben, als 1917 die Bolschewiken den Winterpalast stürmten. Die neuen Machthaber

Eingangstor in die Peter-und-Pauls-Festung von der Anlegestelle aus; im Hintergrund die Newa

Fassade des Winterpalastes

Tichwiner Friedhof

benannten die Stadt in Leningrad um, die im Zweiten Weltkrieg zu einem Bollwerk im Kampf gegen die deutschen Truppen wurde, ihren Widerstand aber mit der völligen Vernichtung bezahlte. Die Rückkehr zum Namen Sankt Petersburg war ein Ereignis, das symbolhaft für den Zerfall der Sowjetunion und das Wiedererwachen Russlands steht.

Der Winterpalast hat die gesamte Geschichte der Stadt überdauert. Es ist ein monumentaler Bau, der sich über mehr als 200 Meter am Ufer der Newa entlangzieht. Andere Bauten, vor allem die Eremitage und das Eremitage-Theater, entstanden im Auftrag von Katharina der Großen.

Jeder Teil des Winterpalastes ist ein Stück lebendige Geschichte. Man kann sich unschwer vorstellen, wie die Zarenfamilie hier residierte, abgeschirmt von den Nöten ihrer Untertanen. Oder wie der Mönch Rasputin Alexandra, die Gemahlin von Zar Nikolaus II., derart unter seinen Einfluss brachte, dass er 1916 von Angehörigen des Hofes ermordet wurde. Es ist auch leicht nachzuvollziehen, wie die Bolschewiken nach der Erstürmung des Winterpalastes 1917 über den Luxus gestaunt haben müssen, in dem ihre Herrscher gelebt hatten.

Zu den Schätzen des Winterpalastes zählt die Eremitage, die mit rund 2,8 Millionen Exponaten eine der größten Kunstsammlungen der Welt beherbergt. Wer sich schon früh vor dem Eingang einfindet, kann ungestört die Werke von Monet und Picasso genießen.

Trotz der immer noch umständlichen Formalitäten zur Visabeschaffung ist Sankt Petersburg eine Stadt, deren Besuch sich relativ leicht gestaltet. Die Stadt bewahrt vor allem im Winter jene Atmosphäre des einst imperialen Russland, wenn man, wie weiland der Zar, vor der bitteren Kälte in der Wärme und Geborgenheit des Winterpalastes Zuflucht findet.

Deutsche Touristen sollten sich bei einem Reisebüro über die Visumerteilung erkundigen. Etliche Fluggesellschaften bieten Direktflüge nach Sankt Petersburg an. Sie können aber auch mit der Bahn anreisen und sogar weiter bis Wladiwostok und Beijing fahren. Es empfiehlt sich, ein zentral gelegenes Hotel zu buchen; je kürzer die Anfahrtswege zu den einzelnen Attraktionen sind, desto mehr Zeit bleibt für deren Besuch. Intourist, das ehemalige staatliche Reiseunternehmen, übernimmt Hotel- und Tourenbuchungen. Die U-Bahn ist ein preiswertes, effizientes öffentliches Verkehrsmittel, doch sollte man sich genau merken, wo man sich gerade befindet, da die kyrillischen Buchstaben schwer zu lesen sind.

Pavillonsaal, Galerie 204, Eremitage

Deckenfresko der Jordan-Treppe

Eremitage, Galerie 241

Havanna
Kuba

Im Kolonialstil errichtete Gebäude an der Calzada de Malecón

Hotel Inglaterra und der Parque Central

Wer Havanna kennt, kann es bestätigen: Die Stadt wird allen Klischees gerecht, die ihr schon so lange anhaften, denn ihre Einwohner tanzen tatsächlich Rumba auf der Straße, trinken Rum und rauchen dicke Zigarren. Und überall auf der Straße rollen US-Oldtimer, so als hätte sich seit den Tagen der Revolution kaum was verändert.

Die Altstadt, Havana Vieja, scheint einem Streifen der 1950er-Jahre entrückt zu sein, in dem die Einwohner wie zufällig filmreife Posen einnehmen: Ein älterer Mann sitzt am Kai in der Abendsonne und spielt für seinen Freund die Posaune, ein anderer schreitet mit einem Kontrabass über einen Platz, während eine junge Frau selbstvergessen bei den Klängen der Musik tanzt, die von der Terrasse des benachbarten Restaurants El Patio herüberklingt.

Mittelpunkt der Altstadt ist die Plaza de la Catedral, die auf drei Seiten von gedrungenen Gebäuden im Kolonial stil gesäumt wird. Herzstück des Platzes ist jedoch die Kathedrale San Cristobal, deren Korallenkalkfassade in kubanischem Barockstil an das erstarrte Tropfwachs einer Kerze erinnert. Der Platz sieht heute weitgehend wie in den 1950er-Jahren aus, als das vorrevolutionäre Havanna noch Tummelplatz der Reichen und bevorzugter Rückzugsort der Mafiabosse war. Das in einem Adelssitz des 18. Jahrhunderts untergebrachte Restaurant El Patio hat schon so manche Veränderung in der Stadt miterlebt und ist der ideale Ort, um zu beobachten, wie der Himmel allmählich verblasst und die Kathedrale Farbe annimmt.

Teile der Altstadt wurden saniert und sehen heute wie aufpolierte Abbilder ihrer selbst aus. In den Gebäuden Plaza Vieja und Mercaderes sind Boutiquen und Restaurants untergebracht, in denen nur mit Devisen bezahlt wird. Offenbar halten sich alle im Freien auf, sei es auf einem Balkon, in einem schattigen Hof oder einfach auf der Eingangs-

Kubanische Musiker auf der Plaza de la Catedral

Im kubanischen Barockstil erbaute Kathedrale von Havanna

treppe eines Hauses. Die Menschen lachen, plaudern, essen und rauchen, während die Jugendlichen alle nur eines im Sinn zu haben scheinen – das Basketballspiel, eine nationale Leidenschaft.

Kuba rühmt sich zwar der niedrigsten Analphabetenrate und Kindersterblichkeit in ganz Lateinamerika, dennoch gibt es ausgeprägte Armut; die Ursache dafür sehen einige im kommunistischen Regime, andere im Wirtschaftsboykott durch die USA. Die meisten Kubaner bewohnen kleine Ein- oder Zweizimmerapartments. Wenn man durch die Fenstergitter der Erdgeschosswohnungen ins Innere blickt, so sieht man nicht selten die gesamte Familie vor einem alten Fernseher, wie sie eine südamerikanische TV-Serie oder ein Baseballspiel verfolgt. Da Fernsehgeräte selten sind, bilden sich oft vor den Fenstern, in deren Wohnungen es einen Fernseher gibt, kleine Menschengruppen, die von draußen die Sendung mitverfolgen.

Musiker auf der Plaza de la Catedral

Paseo de Marti

Mitunter hat man den Eindruck, die gesamte Bevölkerung Havannas ströme bei Sonnenuntergang, wie von einem Magneten angezogen, auf die Calzáda de Malecón, die Uferpromenade, die sich entlang des Meeres dahinzieht und auf der anderen Seite von herabgekommenen Gebäuden gesäumt wird. Während die letzten Strahlen die bröckelnden Fassaden in warmes Gold tauchen, erklingt plötzlich Musik, man beginnt zu tanzen, während andere an einem Rumcocktail nippen und verfolgen, wie die Sonne langsam im Meer entschwindet.

Tür am Capitolio

Kuba wurde in den letzten Jahren zu einem immer beliebteren Reiseziel, das von allen namhaften Reisegesellschaften angeboten wird. Neben dem üblichen Badeurlaub können auch Rundreisen und Städteaufenthalte gebucht werden. Man kann auch als Individualtourist Kuba besuchen, muss jedoch die Einreiseformalitäten beachten. Havanna verfügt über ausreichende Unterkunftsmöglichkeiten, es empfiehlt sich jedoch, in Habana Vieja zu übernachten. Besonders stimmungsvoll ist das kürzlich komplett renovierte Hotel Ambos Mundos, wo Hemingway gewohnt hatte, bevor er sich auf Kuba eine Finca kaufte.

Typische Straße im Zentrum der Altstadt von Havanna

Das königliche Pantheon (Prasat Phra Thepdorm)

Wat Phra Keo

Bangkok, Thailand

Giebeldach am Tempel des Smaragd-Buddha

Im märchenhaften Wat Phra Keo verirrt man sich leicht. Glitzernde Türme, Stupas genannt, wetteifern mit vergoldeten Bauwerken und ihren geschwungenen bunten Ziegeldächern um das Interesse der Reisenden. Kleinen Schreinen entströmen Weihrauchwolken und steinerne Figuren wachen über den Köpfen der Touristen. Es ist die heiligste Stätte des Thai-Buddhismus, wo ein so kostbarer Smaragd-Buddha steht, dass seinetwegen sich Völker sogar bekriegten.

Wat Phra Keo, eine aus mehreren Gebäuden bestehende Tempelanlage und Teil des Großen Palastes, scheint zwar neueren Datums zu sein, sie entstand aber 1792, kurz nachdem die Thai-Armee den Smaragd-Buddha in Laos erbeutet hatte. Mittelpunkt ist der »Wat«, der jetzige Tempel des Smaragd-Buddha. Die mächtige Gebetshalle ruht auf einer Marmorplattform und wird außen von Friesen mit der Darstellung von Garudas, mythischen göttlichen Vögeln, geschmückt, die vor bösen Geistern schützen. Im Innern bedecken detailreiche Fresken mit Szenen aus dem Leben Buddhas die Wände bis an die Decke.

Statue vor dem Tempel des Smaragd-Buddha

Toskarith Ravana, ein steinerner Wächter

Der Smaragd-Buddha – eine 75 cm hohe Statue aus grün leuchtender Jade – sitzt auf einem goldenen Thron unter einem Baldachin und wird von weiteren Buddhadarstellungen eingerahmt. Draußen, vor einem Schrein, bringt ein Strom von Gläubigen Weihrauch, Früchte und Blattgold als Opfergaben, bevor sie den Tempel betreten.

Auf einer Seite des Wat befinden sich auf einer Plattform drei Stupas, davon zwei kleinere, die von Statuen mystischer Wächter flankiert sind und zum Gedenken an die Eltern von König Rama I., dem Gründer dieser Stätte, erbaut wurden. Daneben erheben sich das Pantheon mit den Statuen einstiger Könige und die Bibliothek (Mondhop). Für jene, die nach Kambodscha reisen wollen, ist ein etwa 150 Jahre altes Modell von Angkor Wat sehenswert.

Wer die Erhabenheit von Wat Phra Keo genießen möchte, sollte noch vor den Touristenbussen da sein. Wer um 8.30 Uhr, wenn die Tore des Großen Palastes öffnen, direkt zum Heiligtum eilt, hat fast eine halbe Stunde völlige Stille, bis die ersten Touristen auftauchen. Wer die schwüle Nachmittagshitze erträgt, kann den Tempel auch gegen 15.30 Uhr, etwa eine Stunde vor Schließung, besuchen. Am besten, man sucht einen schattigen Platz, setzt sich hin, wartet, bis der Touristenstrom allmählich versiegt und findet noch fast eine halbe Stunde Erholung. Einer der uniformierten Wächter macht danach höflich aufmerksam, dass es Zeit ist zu gehen.

Besucher des Großen Palastes müssen eine strenge Kleiderordnung einhalten; verboten sind Shorts, kurze Hemden, ärmellose Tops

Sonnenaufgang über den Spitzdächern von Wat Phra Keo

und Sandalen. Das Verbot kann auf andere Aspekte eines »respektlosen« Äußeren ausgeweitet werden. »Dezente« Kleidung wird auch geliehen, sie scheint aber aus den 1970er-Jahren zu stammen und dürfte daher weder modisch noch hygienisch einwandfrei sein.

ⓘ

Bangkok, von den Einheimischen Krung Thep, also Stadt der Engel genannt, ist mit dem Flugzeug mühelos von überall auf der Welt erreichbar. Der Stadtverkehr ist dem Kollaps nahe und die Luftverschmutzung droht die Einwohner mitunter zu ersticken. Die angenehmste Art der Fortbewegung ist mit einem Boot auf dem geschäftigen Chao Phraya River, das auch unweit des Großen Palastes hält. Etliche Hotels befinden sich abseits des Flusses an der Silom Road, es empfiehlt sich aber, eines in Flussnähe zu buchen. Eine der besten Adressen ist das Mandarin Oriental. Eine preiswertere Alternative ist das knapp 15 Gehminuten entfernte Vieng Thai neben Khao San Road. Der Wat Phra Keo öffnet um 8.30 Uhr. Auf die Kleiderordnung ist unbedingt zu achten.

Gebäude auf der obersten Tempelstufe in Wat Phra Keo

Goldener Chedi (Tempelturm) von Phra Siratana und Phra Mondhop

Goldene Statue auf der obersten Tempelstufe in Wat Phra Keo

Grand Canyon
USA

Wer in Colorado im kühlen Dunkel der Nacht auf den Sonnenaufgang wartet, ahnt noch nichts von der Großartigkeit der Landschaft, die sich vor ihm ausbreitet. Im fahlen Morgenlicht gleicht der Grand Canyon noch einer flachen, gemalt wirkenden Komposition. Allmählich färbt sich der Himmel blau und rot und das Sonnenlicht greift erste Details heraus – zunächst den Rand der entfernten Bergkämme, dann die höchsten Felszinnen im Canyon selbst.

Sonnenuntergang am Yapavi Point

Aussichtspunkt Grandview Point

Je höher die Sonne aufsteigt, desto mehr wird sichtbar. Sie beleuchtet Felsstrukturen, die durch Jahrmillionen dauernde Erosion entstanden sind, und wirft gewundene Schatten auf gigantische Felswände.

Erst Details, beispielsweise eine Baumgruppe oder ein Zug dahinziehender Gänse, vermitteln die wahre Größe des Canyons. Jener Bergrücken könnte 15 Kilometer weit sein und der als schmales Band erkennbare Colorado River fließt 1500 Meter tiefer am Grund des Canyons.

Der aus einer inneren und einer äußeren Schlucht bestehende Canyon ist rund 450 Kilometer lang, sodass man ihn nicht an einem Tag schaffen kann. Es ist besser, an ein bis zwei Aussichtspunkten länger zu verweilen und das Lichtspiel zu beobachten. Am Hopi Point, unweit von Grand Canyon Village, genießt man atemberaubende Ausblicke in beide Richtungen des Canyons und kann die wechselnden

Aussichtspunkt Hopi Point

Farben beobachten, die die Felsstrukturen im Tagesverlauf annehmen. Auch sieht man den Colorado sich tief unten in der Schlucht geräuschlos und winzig durch das Gestein winden.

In den Canyon führen mehrere Pfade; einige sind länger und setzen eine Übernachtung unterwegs voraus, andere, wie etwa der Bright Angel Trail, sind, sofern man früh startet, an einem Tag zu bewältigen. Doch selbst bei Letzterem wird empfohlen, die Wanderung am Indian Garden Camping zu unterbrechen und die Tour auf zwei Tage zu verteilen. Wichtig ist, nicht zu vergessen, dass der Rückweg aufs Plateau beschwerlich ist und doppelt so lang dauert wie der

Abstieg. Wer nicht so fit ist, kann ein Maultier mieten, der Ritt ist aber recht unbequem. Erst ein Abstieg lässt die wahren Ausmaße des Canyons erahnen und offenbart einzigartige Details der Landschaft. Bald merkt man, wie die Wände der Schlucht turmhoch aufragen und dass es bis zu den Orientierungspunkten, die von oben so nah schienen, noch ein mehrstündiger Wanderweg ist.

Aussichtspunkt Yaki Point

Aussichtspunkt Yapavi Point

Über eine Million Touristen jährlich besuchen den Canyon, auch wenn sie sich meist nur wenige Stunden hier aufhalten und auf den bequemeren Südrand beschränken. Kaum Andrang herrscht dagegen im Frühling oder Herbst, wenn es morgens und abends zwar kalt ist, die Luft aber klarer und man den Canyon unter neuen Bedingungen erlebt. Plötzliche Witterungsänderungen kommen häufig vor; während heute noch strahlend blauer Himmel ist, kann morgen ein Schneesturm aufziehen. Die Tiefe der Schlucht bewirkt extreme Temperaturunterschiede, sodass man morgens oben in tiefem Schnee wandert, es aber unten, im Tal des Canyons, sommerlich heiß ist.

Sonnenaufgang am Yaki Point

Blick auf den Colorado vom Desert View Point aus

ⓘ

Der nächstgelegene Flughafen zum Grand Canyon ist Flagstaff, von wo es nur wenige Autostunden bis zum »south rim« sind. Von Las Vegas aus kann man direkt Tusayan, den Flughafen des Grand Canyon, anfliegen. Es gibt einen Busservice rund um den Park, mit einem Mietwagen ist man aber unabhängiger bei der Erkundung des Parks. Grand Canyon Village bietet vielfältige Unterkunftsmöglichkeiten. El Tovar Lodge, die beste Adresse vor Ort, befindet sich am Rand des Canyons und ist daher sehr begehrt. Deshalb sollte man schon früh Zimmer buchen. Infos zum Grand Canyon bietet die Website (www.nps.gov/grca/grandcanyon) der Verwaltung des Nationalparks.

Der Wanderweg Bright Angel Trail

Taj Mahal
Indien

Von jenseits des Flusses Jumna bietet sich ein unvergesslicher Blick auf Taj Mahal und die Reise dorthin ist auch einmalig. Es ist zwar einfacher, mit dem Boot hinüberzusetzen, aber spannender, mit einer Fahrradrikscha durch das Dorf Katchpura zu fahren. Im kühlen Morgengrauen geht es so nahe vorbei an Dorfbewohnern, die vor ihren Hütten auf niedrigen Betten schlafen, dass man sie fast streift.

Am Fluss angekommen könnte es sein, dass man die Aussicht mit einem Fischer oder einer kleinen Herde von Wasserbüffeln teilt, was zusätzlich einen Eindruck von Zeitlosigkeit schafft.

Von jenseits des Flusses zeigt sich das Taj Mahal am besten bei Sonnenaufgang, wenn das Licht von einem kühlen, fahlen Blau in alle

Blick auf das Taj Mahal vom gegenüberliegenden Ufer des Jumna

Traditionell gekleidete Frauen vor der Ostecke des Taj Mahal; nächste Doppelseite: Das Taj Mahal jenseits des Jumna bei Sonnenaufgang

Pink-, Gold und Orangetöne wechselt. Es nimmt diese Farben auf, wandelt sich dann zu einem cremigen Weiß, um schließlich in der grellen Mittagssonne in blendendem Weiß zu erstrahlen. Wer es dann besucht, ist davon oft enttäuscht. Daher lohnt es sich, mehrere Male und zu verschiedenen Tageszeiten anzureisen, um die Erhabenheit dieses Bauwerks im Wechselspiel der Farben und des Lichts zu bewundern. Wer nicht immer wieder Eintritt zahlen will, kann es auch vom anderen Flussufer aus tun – die Aussicht ist kostenlos.

Das Taj Mahal ruht auf einem erhöhten Marmorsockel, den an den Ecken vier schlanke marmorne Minarette einfassen, die sich leicht nach außen neigen, sodass sie im Fall eines Erdbebens nicht auf den Hauptbau stürzen würden. Jede Seite wird von einem riesigen

Bogen beherrscht und ist verziert mit in Stein geschnittenen Blumen, Koranzitaten und meisterhaften Einlegearbeiten mit Halbedelsteinen in Pietra-dura-Technik.

Das Taj Mahal steht in einer weitläufigen Anlage, in der vom Haupttor eine Brunnenstraße zum Hauptgebäude führt. Sie diente Fotografen als bevorzugter Standort, um dieses im Bild festzuhalten. Die wirkliche Entfernung vom Eingang zum Hauptbau täuscht, und je mehr man sich ihm nähert, desto größer scheint er zu werden.

Der Mogulkaiser Shah Jahan ließ das Taj Mahal ab 1632 als Mausoleum für seine verstorbene Lieblingsfrau Mumtaz errichten; es wurde um 1648 vollendet. Nach einer Legende soll er am jenseitigen Ufer für sich einen Zwillingsbau aus schwarzem Marmor geplant haben. Jüngst wurden dort Spuren des Fundaments und von Gärten entdeckt, die volle Wahrheit wird aber wohl nie bekannt werden. Shah Jahan wurde von seinem Sohn entmachtet und verbrachte die letzten Jahre in Hausarrest im nahen Roten Fort von Agra.

Westlich vom Taj Mahal errichtete Moschee aus rotem Sandstein

Frauen in traditioneller Kleidung im Fort von Agra; im Hintergrund das Taj Mahal

ⓘ

Von Delhi gelangt man nach Agra mit einem Inlandflug oder einem Expresszug; Letzterer soll aber bei Taschendieben besonders beliebt sein. Im neuen Luxushotel Amarvilas in Agra bieten alle Zimmer einen schönen Ausblick auf das Taj Mahal. In den belebten Gassen von Taj Ganj vor dem Haupteingang zum Fort wohnten einst die Meister, die das Taj Mahal erbauten. Heute übernachten hier vor allem Rucksacktouristen in billigen Herbergen. Einen Panoramablick bietet das Dachrestaurant des Shanti Lodge. Weitere Attraktionen sind das Rote Fort in Agra sowie die wenige Autostunden entfernte Geisterstadt Fatehpur Sikri.

Detail einer Tür am Sockel des Taj Mahal

Detail des kunstvollen Wandschmucks an der Fassade

Eilean Donan Castle
Schottland

Eilean Donan Castle

Blick von Süden auf Eilean Donan Castle

Im Schnittpunkt der Seen Loch Alsh, Loch Duig und Loch Long gelegen und nach Westen zur Isle of Skye ausgerichtet verbindet das Eilean Donan Castle oder die Donaninsel eine reizvolle Lage mit einer bewegten Geschichte, wie man sie von einem britischen Schloss schlechthin erwartet.

Der MacKenzie-Clan verteidigte seinen Besitz Eilean Donan gegen die Angriffe der McLeods und MacDonalds bis ins 16. Jahrhundert. Auch im 17. und 18. Jahrhundert war es Schauplatz von Kämpfen, als die Jakobiten, die Anhänger des entmachteten Schottenkönigs Jakob VII. (Jakob II. von England), sich gegen die Engländer erhoben, um ihm wieder auf den Thron zu verhelfen. Im Frühling 1719 zogen auf Eilean Donan Castle als jakobitische Verbündete 46 spanische Soldaten ein. Am 10. Mai beschossen drei Fregatten der Regierung das Schloss. Die Engländer akzeptierten die Kapitulation der Garnison und sprengten die letzten Reste des Schlosses in die Luft.

Zum Schloss führende Bogenbrücke

Wegen seiner langen und oft von Gewalt geprägten Geschichte verwundert es nicht, dass das Schloss mehrfach zerstört und erneuert wurde. Ursprünglich als Verteidigungsposten gegen die Wikinger erbaut, wurde es zuletzt zwischen 1912 und 1932 von der Familie MacRae-Gilstrap wieder errichtet.

Der bescheiden wirkende Zugang zum Schloss erfolgt über eine anmutige Brücke, die beim letzten Umbau hinzugefügt wurde. Von der Brücke schweift der Blick über die Lochs, das nahe Dorf Dornie und die Hügel der Insel Skye. Obwohl es gewissermaßen einem gebrochenen Zahn ähnelt, wirkt das Schloss insgesamt harmonisch, wozu auch seine Lage inmitten der typisch schottischen, von Heidekraut und Wildblumen geprägten Highlands beiträgt.

Zugang zum Schloss über die Bogenbrücke

Die strenge Schönheit des Schlosses kann dennoch nicht darüber hinwegtäuschen, dass es stets vor allem der Verteidigung gedient hatte. Verstärkt wird dieser Eindruck nicht zuletzt auch durch die idyllische Lage von Eilean Donan Castle.

Das Brückenende wird durch die Bastion und eine umlaufende Mauer geschützt. Durch ein Tor erreicht man den Innenhof. Von hier führen Stufen zur Tür zum Bergfried und zum Beobachtungsraum. Darüber liegt der prachtvollste Raum, der Festsaal; ihn schmücken Balken aus dem Holz der Douglastanne aus British Columbia – ein während der Umbauarbeiten gemachtes Geschenk des kanadischen Familienzweiges der MacRaes. Der Festsaal besitzt einen riesigen Kamin, der eingefasst wird von historischen Waffen, sowie einen Tisch, der von einem von Lord Nelsons Schiffen stammen soll.

Bei Ebbe umgeben Algen und Untiefen die Insel, bei Flut jedoch wirkt das Schloss dank seiner exponierten Lage bereit, sich zu verteidigen, und man kann sich leicht vorstellen, wie Schiffe in den Loch Alsh einliefen oder Belagerer zum Sturm auf des Schloss rüsteten.

Das Schloss, dessen Umrisse sich im See spiegeln, ist heute eher ein Ort der Träume als Schauplatz von Kämpfen.

Der Beobachtungsraum

Der Festsaal

Eilean Donan Castle bei Nacht

ⓘ

Eilean Donan Castle liegt etwa 10 Kilometer abseits der Brücke zur Isle of Skye. Mit dem Auto sind es von Glasgow rund sechs Stunden, meist auf der A82, wobei der Weg durch eine reizvolle Landschaft verläuft, in der der Ben Nevis, Glen Coe, Loch Lochy und Glen Shiel liegen. Von Edinburgh braucht man sieben Stunden und von Iverness drei Stunden. Das Nachbardorf Dornie verfügt über geringe Möglichkeiten zur Übernachtung; daher ist es im Sommer ratsam, im Voraus zu buchen. Der Weg, der hinter dem Dorf auf die Anhöhe führt, bietet vor allem bei Sonnenuntergang einen schönen Ausblick auf das Schloss, die besten Aussichtspunkte können aber überlaufen sein.

Säulengang am Ende des Patio de los Arrayanes im Königspalast (Casa Real)

Die Alhambra

Granada, Spanien

Löwenhof

Die Alhambra beherrscht das Stadtbild von Granada und zeigt sich nach außen hin unnahbar und abweisend. Gemildert wird diese Strenge, wenn man sich ihr von der Rückseite her nähert: Die Terrassen mit ihren üppigen Gärten, die von Brunnen und Quellen durchzogen werden, wirken wie ein Abbild der himmlischen Gärten des Korans.

Nach all der Hitze Nordafrikas müssen sich die Mauren im Himmel gefühlt haben, als sie Granada eroberten. Die fast ganzjährig Schneebedeckte Gebirgskette der Sierra Nevada sicherte den neuen Herren das Wasser für die Brunnen und Becken, das diese Ecke der Iberischen Halbinsel zu einem Paradies auf Erden erblühen ließ.

Die Alhambra ist das Ergebnis kriegerischer Konflikte zwischen Christentum und Islam. Die aus Nordafrika vordringenden Mauren eroberten 711 die Iberische Halbinsel, doch im frühen 13. Jahrhundert war ihre Macht bereits geschwächt und ihr »Reich« – es beschränkte sich auf wenige unabhängige muslimische Kleinstaaten im heutigen Andalusien – geriet unter den zunehmenden Druck der Reconquista.

Prinz Muhammad ibn Yusuf ibn Nasr ibn al-Ahmar nahm 1237 Granada ein, das er zur Hauptstadt erhob. Zum Schutz seiner Residenz begann er mit der Errichtung von Befestigungsanlagen. Die folgenden zwei Jahrhunderte bildeten die Glanzzeit des Königreiches und jeder Herrscher baute die Alhambra weiter aus. Es war eine Epoche des Friedens, der jedoch seinen Preis hatte. Die christlichen Herrscher bauten ihre Macht aus, wobei Granada nur überlebte, weil es Tribut zahlte und ihnen sogar mit Truppen im Kampf gegen ungehorsame muslimische Kleinstaaten beistand.

Ende des 15. Jahrhunderts brach vor der Alhambra ein erbitterter Kampf aus, als die katholischen Könige Ferdinand II. von Aragonien und Isabella von Kastilien Granada belagerten. Sieben Monate später, im Jahr 1492, nahmen sie die letzte maurische Bastion auf iberischem Boden ein, die fortan unter spanischer Herrschaft blieb.

Die Alhambra, eine in typisch maurischer Baukunst errichtete Anlage, zeigt sich mit einer eindrucksvollen wie zweckmäßigen Fassade;

Die Alhambra bei Nacht mit der Gebirgskette der Sierra Nevada im Hintergrund

gleichwohl verbirgt sich hinter ihren Mauern ein Wunderwerk an Dekorationskunst. Sie besteht aus drei Bereichen: der Festung (Alcazaba), dem Generalife, der abseits des Hauptkomplexes liegt und als Sommerresidenz diente, und der Casa Real, dem Königspalast. Letzterer stellt den schönsten Teil der Alhambra dar und viele seiner Räume sind mit farbigen Ziegeln sowie üppigen in Stein geschnitzten Ornamenten und stilisierten Schriftbändern mit Koranzitaten ausgeschmückt.

Garten im Generalife

Im Innern einiger Räume kann man heute noch die von den Mauren viel gepriesenen Brunnen bewundern. Zahllose kleine Fenster geben den Blick frei auf die schattigen Gärten oder auf die kleinen weißen Häuser des Albaicin, des alten maurischen Wohnviertels.

Der Frühling mit seinen lauen Tagen und den kühlen Nächten ist die ideale Reisezeit. Überall grünt es, die Gärten stehen in voller Blüte

Bronzeadler an der Außenmauer des Palastes von Kaiser Karl V.

Kunstvolle maurische Wandgestaltung

und die schneebedeckte Sierra Nevada wacht über der Stadt. Vor allem aber ist die Alhambra noch nicht von Besuchern überlaufen; man muss nicht endlos Schlange stehen, um eingelassen zu werden, wie etwa im Hochsommer, wenn nicht selten die Eintrittskarten für den ganzen Tag schon eine Stunde nach Kassenöffnung ausverkauft sind.

Mit etwas Glück finden Sie ein freies Zimmer im Parador de San Francisco, einem Luxushotel, das in einem ehemaligen Kloster in den Gärten der Alhambra eingerichtet wurde und wo Sie die Stille der Abende genießen können.

In der Stadt gibt es zahlreiche Aussichtspunkte, von wo sich die Alhambra in immer neuen Perspektiven zeigt. Vom Mirador San Cristobal aus erblickt man die Alcazaba vor der Kulisse der Sierra Nevada. Nach einem Bummel durch die kopfsteingepflasterten Gassen von Albaicin zum Mirador de San Nicolas taucht die untergehende Sonne die Alhambra in ein glühendes Abendrot. Vom Gipfel des Sacromonte, dem alten Zigeunerviertel, wo einige Zigeuner auch heute noch in den Hügel geschlagene Höhlen bewohnen, erkennt man, wie die Türme der Alhambra dank ihrer günstigen Lage die Stadt beschützen. Und vom Hügel oberhalb des Generalife erst merkt man, wie sehr die Gärten und Brunnen zur Schönheit der Alhambra beitragen. Von dort reicht der Blick des Betrachters bis zum wuchtigen Palast von Karl V., den der Kaiser im 16. Jahrhundert nach dem Ende der Reconquista an der Stelle mehrerer maurischer Bauwerke errichten ließ. Seine Residenz ist so weitläufig, dass in ihrem Innenhof einst sogar Stierkämpfe abgehalten wurden.

Wanddekorationen mit Koranzitaten

Granada ist zu Land leicht erreichbar über Sevilla oder Málaga, die unter anderem von der Fluggesellschaft Iberia angeflogen werden. Wohl genießt man von den zahlreichen Aussichtspunkten in der Stadt einzigartige Ausblicke auf die Alhambra, ein besonderes Erlebnis ist aber, inmitten ihrer Gärten im luxuriösen Parador de San Francisco zu residieren. Dafür empfiehlt es sich, selbst in der Nebensaison rechtzeitig zu buchen.

Die Alhambra, gesehen vom Hügel hinter dem Generalife

Aitutaki

Cook-Inseln

Kein Maler könnte je ein so leuchtendes Türkis erschaffen, wie es die Lagune von Aitutaki, die vielleicht schönste der Welt, ausstrahlt. Die Lagune mit ihrem dreieckigen Grundriss wird von einem Atoll gebildet, das sich aus dem rund 4000 Meter tiefen Pazifik erhebt. Die größte Insel wird oft als Aitutaki bezeichnet, heißt eigentlich aber Arutanga. Innerhalb der Lagune gibt es noch etliche Eilande, so genannte Motu, die aus Korallen gebildet oder vulkanischer Herkunft sind.

Der äußere Rand der Lagune wirkt als natürliche Barriere und hält die manchmal stürmischen Wellen zurück. Ein unverändert weißer Saum

Moturakau Island

Die Lagune aus der Vogelperspektive

brechender Wellen markiert die Stelle, wo die Wasser aufeinander treffen, doch die Lagune zeigt sich als spiegelglatte Oberfläche, nur ab und zu von einer einzelnen kleinen kräuselnden Welle unterbrochen wird. Das Wasser ist ungewöhnlich klar und auf seinem flachen, sandigen Grund ist jedes Detail noch gut sichtbar. Oft kann man sogar Meeresschildkröten, Rochen und Riesenmuscheln beobachten.

Jedes Motu besitzt seinen unverwechselbaren Charakter, den man am besten auf einer Bootsreise durch die Lagune erkundet. Bekanntestes Motu ist Tapuaetai (»Ein-Fuß-Insel«). Auf dem von tropischer Vegetation bedeckten Eiland, das als einziges Motu überhaupt

Die Lagune

bewohnt ist, säumen Palmen einen irreal weißen, schmalen Sandstrand. Außer einer kleinen Bar und einem Laden gibt es noch ein Postamt, wo man sich mit einem Eintrag im Pass bestätigen lassen kann, dass man im Paradies gewesen ist. Die so genannte BBC-Insel, wo ein britischer TV-Streifen gedreht wurde, hat man in knapp zehn Minuten erkundet. Auch hier begegnet man palmengesäumten Traumstränden, wobei einige Palmen sich so stark geneigt haben, dass ihre Stämme fast waagrecht über dem glasklaren Wasser liegen.

Das jüngste aller Motu ist Honeymoon Island, an einer seichteren Stelle in der Lagune gelegen. Noch wachsen hier keine Bäume, doch gibt es Büsche, mit Kolonien von Seeschwalben. Wirft man einen Blick unter die Zweige, so entdeckt man weißflaumige Jungen, die auf die Rückkehr ihrer Eltern warten, um gefüttert zu werden. Von anderen Motu werden mit dem Wasser des Pazifiks Kokosnüsse an die Strände von Honeymoon Island herangeschwemmt, und es ist nur noch eine Frage der Zeit, wann hier die ersten Palmen wachsen werden.

Die etwa 18 000 Einwohner der 15 Inseln, die zum Archipel der Cook-Inseln gehören, sind polynesischer Herkunft. Auf Aitutaki scheint jeder jeden zu kennen, und nichts ist so wichtig, als dass nicht Zeit wäre, einen Vorübergehenden zu begrüßen.

Riesenmuscheln im kristallklaren Lagunenwasser

Nicht nur Touristen werden von dieser Insel angezogen – das merkt man spätestens nach der monotonen Durchsage des Piloten auf dem Flug von Rarotonga nach Aitutaki: »Passagiere auf der linken Seite des Flugzeugs erkennen unten jetzt Aitutaki, während die Passagiere auf der rechten Seite ein Buckelwalweibchen mit ihrem Kalb sehen können!«

So entlegen Aitutaki auch sein mag, die Insel rühmt sich als Schauplatz einer besonderen Begebenheit: Kapitän Blight ging hier 1789, kurz vor der Meuterei auf der »Bounty«, an Land. Er kehrte 1792 hierher zurück und brachte die Papaya mit, die zu einer der wichtigsten Kulturpflanzen der Insel wurde.

ⓘ

Air Rarotonga fliegt von Rarotonga, der Hauptstadt der Cook-Inseln, fünfmal täglich nach Aitutaki, das man auch im Rahmen eines Tagesausflugs erkunden kann; empfehlenswerter ist jedoch ein mehrtägiger Aufenthalt. Die Insel bietet verschiedenste Unterkunftsmöglichkeiten, vom luxuriösen Aitutaki Pacific Resort bis zu günstigen Strandhütten. In jedem Hotel kann man Lagunenfahrten buchen. Zusätzliche Informationen aller Art über die Cook-Inseln bieten u. a. www.cook-islands.com sowie www.cookpages.com

Sandstrand von Arutanga

Palmengesäumter Sandstrand von Arutanga

Seesternskelett am Strand

Einsiedlerkrebs

Pyramide des Kukulkán
Mexiko

Kukulkánpyramide

In der alten Mayasiedlung Chichén Itzá auf der Yucatán-Halbinsel in Mexiko gelegen beeindruckt die Pyramide des Kukulkán durch ihre angenehme Symmetrie und imposante Größe. Ihre Einzigartigkeit aber ist vielleicht das Geheimnis ihrer Erbauung vor über 1000 Jahren.

Die Pyramide ist ein riesiger Kalender. Sie besteht aus neun Stufen, die mit 52 Platten ausgelegt sind und damit der Anzahl von Jahren eines Jahreszyklus bei den Mayas und Tolteken entsprach. Alle vier Seiten haben je eine Treppenanlage von je 91 Stufen, die zusammen mit der

Kukulkánpyramide

viereckigen Plattform an der Spitze 365 ergeben – die Anzahl der Tage eines Sonnenjahres. Zur Frühlings- und Herbsttagundnachtgleiche entsteht durch die auf die Nordstufen fallenden Schatten eine lange gezackte Linie, die sich abwärts zu winden und mit dem steinernden Schlangenkopf am Fuß der Stufen zu vereinen scheint.

Die Pyramide birgt auch andere Geheimnisse, z. B. eine noch ältere Pyramide tief in ihrem Inneren. Eine schmale Tür öffnet sich zu einem engen Durchgang, der nach oben, an die Außenseite des älteren Bauwerks zu führen scheint, aber im einstigen Heiligtum mündet, wo ein übergroßer »Chac Mool«, die typische halb liegende Mayafigur, und ein jaguarförmiger Thron für immer ruhen, während der jadegeschmückte Umhang der Großkatze im düsteren Raum aufleuchtet.

Detail der 91 zur Spitze führenden Stufen der Kukulkán-Pyramide

Nordseite mit den zum Heiligtum führenden Stufen

Wer die Kukulkánpyramide eingehender betrachten will, muss schon früh starten, da ab 10.30 Uhr die meisten Touristen eintreffen. Wenn man gegen 8.30 Uhr da ist, genießt man eine rund einstündige Stille. Am besten ist es, im nur wenige Meter vom Osteingang entfernten Mayaland Hotel zu übernachten. Von hier kann man vor allem die Ruinen des Beinhauses, des Knochenheiligtums, erblicken, die sich im Schein der untergehenden Sonne am Eingang zur Hotelbar abzeichnen.

Vom Gipfel der Pyramide scheint die ganze Kultstätte von einem Meer von Bäumen umschlossen zu sein, das bis an den Horizont reicht und alles menschliche Leben erdrückt. Einzig die Gipfel besser erhaltener Bauten und der rituelle Ballspielplatz heben sich ab.

Das Observatorium zwischen wild wucherndem Dickicht

Zum Kultbereich von Chichén Itzá zählen auch andere Bauwerke, darunter der Tempel der Krieger, ein massiver Steinbau, den 60 mächtige Steinpfeiler mit kunstvollen Flachreliefs umgeben und dessen Eingang ein halb liegender Chac Mool bewacht. Da Touristen die Treppen nicht mehr besteigen dürfen, muss man sich mit einem Blick von der Kukulkánpyramide begnügen.

Eine weitere Attraktion ist der Ballspielplatz, wo einst die Spieler zweier Mannschaften durch Einsatz von Ellbogen, Knie und Hüften einen Gummiball durch je einen an der Wand befestigten Steinring treiben mussten. Da ein solches Spiel oft mehrere Stunden dauerte, endete es mit dem ersten gelungenen Wurf durch den Ring.

Die Pyramide ist auch von anderen Bauwerken dieser Kultstätte sichtbar, sodass man ihre Ausgewogenheit aus den unterschiedlichsten Perspektiven bestaunen kann, wie etwa zwischen Bäumen hindurch, von behauenen Pfeilern aus und sogar zwischen den Kiefern eines Schlangenhaupts.

Steinerner Chac-Mool-Kopf

Jeden Abend gibt es eine Licht-und-Ton-Show, die im Eintrittspreis enthalten ist. Sie ist zwar recht aufdringlich, der Besuch lohnt sich aber vor allem an Abenden mit Vollmond, wenn nach der Vorstellung die mächtige Pyramide des Kukulkán, nunmehr nur vom Mond erhellt, silbrig aufleuchtet.

ⓘ

Der nächstgelegene Flughafen zu Chichén Itzá ist Cancun. Wer im Mayaland Hotel wohnt, kann am Eingang zum Park aussteigen und durch die Stätte schlendern. Viele Touristen besuchen Chichén Itzá auf Tagesausflügen, doch lohnt sich ein mindestens zweitägiger Aufenthalt, um die Stätte auch an den stillen Morgen und Abenden genießen zu können. Das Innere der Kukulkán-Pyramide ist nur über Mittag geöffnet, sodass man den Touristenscharen nicht entkommen kann.

In Stein gemeißelte Totenschädel an der »Tzompantli« (Schädelmauer) genannten Plattform

Venedig
Italien

Reliefdarstellung von Adam und Eva an einer Ecke des Dogenpalastes

Schaukelnde Gondeln vor der Kirche Santa Maria della Salute

Venedig ist der Inbegriff einer romantischen Stadt schlechthin und nichts gilt als so typisch venezianisch wie die im Dunst auf und ab schaukelnden Gondeln vor dem Kai, wo der Markusplatz auf die Lagune trifft. Frühmorgens herrscht hier noch Stille, nur einige Pendler stören die wenigen Tauben, die auf den abgeschliffenen großen Steinplatten herumstolzieren. Noch hat man den Platz für sich allein, doch bald schon beleben ihn Touristen und Vögel.

Seit ihrer Errichtung im 16. Jahrhundert bildet die Piazza San Marco, der Markusplatz, den Mittelpunkt der Stadt. An einer Seite des Platzes erhebt sich die Markuskirche, deren Bau fast 1000 Jahre zurückreicht.

Blickt man vom Campanile (Glockenturm) auf das seltsam geformte Kuppeldach der Basilika hinab, so erinnert dieses eher an ein islamisches als an ein christliches Gotteshaus. Die Fassade der Basilika scheint zum Leben zu erwachen, wenn die Strahlen der Abendsonne die Mosaike und die Steine in ein mildes Licht tauchen.

Vom Markusplatz bis an den Kai reicht der helle gotische Bau des Palazzo Ducale, des Dogenpalastes. Die Herrschaft der Dogen dauerte von 697 bis 1797, als Napoleons Heer ihren letzten Vertreter entmachtete. Der Palast ist mit moralisierenden Statuen und Wandgemälden übersät, die Szenen wie den Sündenfall Adams und Evas oder einen trunkenen Noah schildern. Den besten Eindruck vom Palast

gewinnt man, wenn man sich ihm vom Wasser her nähert. Vom Boot oder von der Spitze des Campanile auf der Georgsinsel aus gesehen, vereint die Fassade filigrane Eleganz mit einem Hauch von Fantasie.

Während die Dogen mit der Außengestaltung des Palastes einen Eindruck von Ehrfurcht erwecken wollten, strahlt das Innere dafür weitaus mehr weltliche Extravaganz aus. Jeder Raum ist üppigst vergoldet und überreich ausgeschmückt mit kostbaren Gemälden.

Den Dogen oblag auch die Rechtsprechung und viele Delinquenten wurden nach der Verurteilung über die zweigängige Seufzerbrücke aus dem Dogenpalast ins angrenzende Gefängnis gebracht.

Obwohl er, streng genommen, mit dem Markusplatz keine Verbindung aufweist, gehört der Canal Grande untrennbar zu ihm und ist ein Wahrzeichen Venedigs. In einem geschwungenen S durchtrennt er die

Fassade der Gebäude am Markusplatz

Piazzetta San Marco, das »Markusplätzchen«, mit den monolithischen Säulen

Stadt, um sich am Ende zur Lagune hin zu öffnen, wo er auf die Piazza trifft und die allgegenwärtigen Gondeln auf dem Wasser schaukeln.

So wie in Venedig offensichtlich alle Gassen zum Markusplatz führen, so scheinen alle Kanäle in den Canal Grande zu münden. Die heute vorwiegend von Touristen genutzten Gondeln gleiten immer noch vorbei an den stolzen Palazzi, die den Canal Grande zu beiden Seiten säumen.

Auch Venedig kennt feuchtkalte Wintertage, doch ist dies die perfekte Reisezeit: Wenige Touristen, niedrigere Hotelpreise als sonst und mit etwas Glück kann man auch erleben, wie das Hochwasser den Markusplatz überschwemmt und Einheimische wie Besucher Holzstege benutzen müssen, um trockenen Fußes voranzukommen. Aber selbst im Winter kann man Tage mit strahlend blauem Himmel und erstaunlich hellem Licht erleben.

Einen perfekten Wintertag in Venedig muss man mit einer wohltuenden heißen Schokolade

Arkadengang im Dogenpalast

oder einem typisch venezianischen Cocktail im Caffè Florian am Markusplatz krönen. Das elegante, 1720 gegründete Lokal, in dem einst auch Byron und Goethe verkehrten, ist innen mit Spiegeln sowie mit Bildtafeln reich verziert, die durch die jahrzehntelange feuchte Seeluft rissig sind.

ⓘ

Vom Marco-Polo-Flughafen führt ein Wasserbus oder ein Wassertaxi den Reisenden bis zum Molo, dem Hauptkai vor dem Markusplatz. Hotels sind teuer, und in der Hauptsaison kann es schwierig werden, in Venedig zu übernachten. Eine preiswertere Alternative bietet das nahe Mestre, das man nach einer kurzen Bahnfahrt erreicht. Zu den besten Hotels gehören »Regina« und das luxuriöse »Europa«, das in einem ehemaligen Kloster eingerichtet ist und einen Panoramablick auf die Mündung des Canal Grande bietet. Venedig verfügt über ein dichtes Netz von Vaporetti (Wasserbussen), die ein günstiges Transportmittel bilden.

Dem Markusplatz zugewandte Front des Dogenpalastes

Blick vom Campanile auf den Dogenpalast und die Kuppeln der Markuskirche

Fassade der Markuskirche mit den Blendbögen über dem Hauptportal

Totes Vlei

Sossusvlei Nationalpark, Namibia

In der dürren Landschaft der Wüste Namib fällt die golden schimmernde Morgensonne zuerst auf die Spitzen der toten Kameldornbäume, die ihre steifen Äste in den Himmel recken. Dann wandert sie abwärts an den Stämmen, wie schon jeden Morgen seit 600 Jahren, bis es die weiße, rissige Oberfläche des Toten Vlei erreicht. Nun scheint alles blitzschnell zu gehen, während das Licht den letzten Hauch Schatten verjagt und die Pfanne des einstigen Sees bedeckt. Der Gegensatz zwischen dem rissigen Weiß des Toten Vlei und den angrenzenden roten Sanddünen ist verblüffend. Es gibt buchstäblich eine scharfe Trennlinie, wo die eine Landschaftsform endet und die andere beginnt.

Das Tote Vlei bei Sonnenaufgang

Ein Vlei ist die abflusslose Tonpfanne eines einstigen Sees; davon gibt es zwei im Sossusvlei Nationalpark. Obwohl das Tote Vlei kleiner ist als das berühmte Sossusvlei, der dem Park seinen Namen gab, ist es spektakulärer und stimmungsvoller.

Sossusvlei ist Teil der großen Wüste Namib, nach der auch das Land Namibia heißt. Da öffentliche Verkehrsverbindungen zum Park schlecht funktionieren, ziehen die Touristen es meist vor, in einem der Luxuscamps zu wohnen, die einen privaten Transportservice zum Park organisieren. Sollte dies den eigenen Geldbeutel überstrapazieren, so kann man billiger in Sesriem unweit vom Parkeingang übernachten.

Sanddünen im Tal des Flusses Tsauchab

Eine staubige Straße führt etwa 60 Kilometer vom Tor zu einem Parkplatz. Von hier fährt ein Shuttle vier Kilometer bis zum Parkplatz für Allradfahrzeuge. Es folgt ein kurzer Fußmarsch nach Sossusvlei und dann ein mühsamer 20-minütiger Aufstieg zum Toten Vlei.

Trotz des fast völligen Wassermangels – den letzten Regen gab es in Sossusvlei 1997 und im Toten Vlei fiel seit Menschengedenken kein Regen – kann man Spuren von Leben entdecken. Strauße irren herum, ein Springbock verharrt regungslos in der sengenden Hitze, als warte er auf Abkühlung, um sich dann erst zu bewegen. Blickt man in den Sand, so erkennt man Spuren von Käfern. Sie verbringen die meiste Zeit im Sand vergraben und überleben nur, indem sie am Morgen den Tau einfangen, der von der Skelettküste als Nebel herbeigeführt wird und dann kondensiert. Dazu kippt das Tier den Körper, der auf dem Panzer gebildete Tau rinnt abwärts und erreicht den nach unten geneigten Kopf, sodass der Käfer die Tautropfen trinken kann.

Der Nationalpark ist auch für die Sanddünen berühmt, die zu den höchsten der Welt zählen; so erreicht die Big-Daddy-Düne rund 320 Meter. Die Dünen sind rot gefärbt und leuchten besonders kräftig bei Sonnenaufgang und -untergang.

Es lohnt sich, auf die eine oder andere Düne zu klettern, doch sollte man genügend Trinkwasser mitführen, da es sehr heiß ist und man beim Aufstieg ins Schwitzen kommt. Von oben genießt man ein herrliches Panorama auf die Wüste, denn vor dem Auge breiten sich zahllose Dünen aus – ein erhabener wie beunruhigender Anblick.

Dünen im Tal des Tsauchab, der nur in der Regenzeit Wasser führt

Vor rund 600 Jahren abgestorbener Kameldornbaum im Toten Vlei

Sanddünen im Tal des Tsauchab-Flusses, die bis zu 300 Meter hoch werden

Den Aufenthalt sollte man für einen Abstecher zur Skelettküste nutzen: An diesem öden Küstenabschnitt reichen die Dünen der Wüste Namib bis dicht an die Atlantikküste, die von Wracks und Walknochen übersät ist und wo gelegentlich sogar Löwen umherirren.

Kameldornbaum

ⓘ

Sossusvlei erreicht man per Auto von Windhuk, der Hauptstadt Namibias, oder von Kapstadt, Südafrika, aus. In den Park kann man mit gewöhnlichen Autos hineinfahren, man muss aber einige Meilen entfernt vom Vlei parken und einen Shuttle zum Park für Allradfahrzeuge nehmen. Hier beginnt ein steiler Aufstieg zum Toten Vlei. In Sesriem, unweit vom Parkeingang, sind die Unterkunftsmöglichkeiten begrenzt, es gibt aber Luxuscamps und erstklassige Hotels etwa eine Stunde entfernt vom Haupteingang. Den besten Blick auf die Wüste genießt man vom Kamm einer Düne; wer sich zum Aufstieg entscheidet, sollte mehr Trinkwasserreserven mitnehmen, als man sonst braucht. Auch sollte man genug Bargeld mitführen, da die Tankstellen keine Kreditkarten annehmen.

Iguaçufälle

Brasilien und Argentinien

Müssten Sie die perfekten Wasserfälle entwerfen, so wären es die von Iguaçu aus dem Grenzgebiet zwischen Brasilien, wo sie Iguaçu heißen, und Argentinien, wo sie Fóz de Iguazú bekannt sind. Eigentlich handelt es sich um eine ganze Reihe von Katarakten.

Einer davon ist der »Teufelsrachen«, wo die Wassermassen von einem hufeisenförmigen Plateau donnernd in die Tiefe stürzen. Ein Steg führt von der argentinischen Seite bis an den Rand des »Teufelsrachens«, wo man das Schauspiel unmittelbar miterleben kann.

Gischt über den Iguaçu-Fällen bei Sonnenaufgang

Salto Tres Mosqueteros am argentinischen Ufer

Das argentinische Ufer bei Sonnenuntergang

Der Santa-Maria-Wasserfall auf der brasilianischen Seite wird auf halbem Weg in die Tiefe von einem Plateau unterbrochen, wo moosbedeckte Felsen aus dem Wasser aufragen. Darüber spannt sich ein Steg, der eine einmalige Aussicht auf die von oben und nach unten stürzenden Fälle freigibt, während über dem aufschäumenden Wasser ständig Regenbögen schillern. Beide Stege bilden ein Erlebnis für alle Sinne: Je mehr man sich den Wasserfällen nähert, desto lauter schwillt das Grollen zu einem ohrenbetäubenden Getöse an, nimmt der Sprühregen zu und werden die Windstöße heftiger, die dadurch entstehen, dass die riesigen Wassermassen die Luft verdrängen.

Die Iguaçufälle sind insgesamt etwa 2,7 Kilometer breit und setzen sich aus zahllosen Wassersträngen zusammen, von denen einige nur mit dem Boot erreichbar sind und andere nur von der inmitten des Stromes gelegenen Insel sichtbar werden. Die Wasserfälle werden zu beiden Seiten vom üppigen Grün des Dschungels eingeschlossen und sind Teil zweier Nationalparks.

Der »Teufelsrachen« (Garganta del Diablo)

Die argentinische Seite der Wasserfälle

Die meisten Einzelkatarakte liegen zwar auf argentinischem Boden, einige der schönsten Ausblicke genießt man, vor allem in der Abenddämmerung, jedoch von der brasilianischen Seite aus. Besucher können mühelos von der einen auf die andere Seite hinüberwechseln, da die lokalen Reiseunternehmen günstige Ausflüge anbieten.

Die Region auf brasilianischer Seite ist weniger entwickelt. Wer die Abgeschiedenheit sucht, sollte im Ökohotel Tropical das Cataratas übernachten. Das im Kolonialstil im Nationalpark errichtete Hotel, dessen Zimmer zum Teil einen Blick auf die Fälle bieten, besitzt einen Uhrturm, von dem aus man den Sonnenuntergang beobachten kann. Zwar gibt es Schilder, die vor Schlangen und Jaguaren warnen, dennoch kann man nachts hinunter zu den Wasserfällen spazieren; dann wirkt das dumpfe Dröhnen noch lauter.

Bei Vollmond werden spezielle Nachttouren für Touristen veranstaltet, und der Mond scheint so hell, dass man die Wasserfälle in allen Einzelheiten erkennen kann.

Der »Teufelsrachen« (Garganta del Diablo) und die Spitze des Wasserfalls Salto Santa Maria

ⓘ

Von Rio de Janeiro und Saõ Paolo gibt es mehrere Flüge zur brasilianischen Seite der Iguaçufälle. Viele Hotels organisieren Tagesausflüge, doch sollte man mindestens zwei Tage einplanen, um auch die argentinische Seite der Fälle besichtigen zu können. Dafür ist ein Visum erforderlich. Außerdem werden auch Raftingtouren auf dem Rio Iguaçu, Exkursionen durch den Regenwald sowie Rundflüge mit dem Hubschrauber veranstaltet. Gäste, die auf brasilianischer Seite im Hotel Tropical das Cataratas übernachten, genießen einen weiteren Vorteil – sie können die Wasserfälle auch am Montagmorgen besuchen, wenn der Zugang zu ihnen für andere Touristen geschlossen ist.

In Stufen hinabstürzende Kaskaden der Iguaçufälle

Petra

Jordanien

Petra wurde im 3. Jahrhundert v. Chr. von den Nabatäern, einem arabischen Stamm, aus rotem Sandstein herausgehauen. Den einzigen Zugang zur Stadt bildet der *Siq,* eine lange, schmale Schlucht. Sie entstand, als Sturzbäche durch Auswaschung einen gewundenen Pfad durch die bis zu 100 Meter hoch aufragenden Felsen gruben.

Der 1,2 Kilometer lange *Siq* ist stellenweise so breit, dass er die Sonnenstrahlen durchlässt, an anderen Abschnitten jedoch rücken die Felswände bis auf wenige Meter zusammen und scheinen sich über den Köpfen der Reisenden zu schließen. Ein Besuch am frühen Morgen, wenn der Wind durch die Schlucht pfeift und die Schritte in der Schlucht im Echo widerhallen, ist eine einmalige Erfahrung.

Die Königsgräber, gesehen vom Opferplatz

Blick durch den Siq auf die Fassade des Schatzhauses

Einst, als Kamelkarawanen mit kostbaren Gütern durch den *Siq* zogen, muss hier reges Treiben geherrscht haben, und noch die Römer, die Petra schließlich im Jahr 106 n. Chr. eroberten, bahnten sich den Weg durch diese tief eingeschnittene Schlucht.

Sobald man die letzte und zugleich engste Windung des *Siq* passiert, ragt unvermittelt die hohe Fassade des Al Khazneh (Schatzhaus) auf, die das Bild dieser Stadt bis heute geprägt hat. Obwohl die Wandskulpturen am Schatzhaus durch die Beduinen beschädigt wurden, die einst zwischen den Ruinen wohnten und die Statuen als Zielscheiben nutzten, birgt Petra noch viel Sehenswertes. Dazu zählt auch die große Urne, die das Bauwerk bekrönte und von der die Beduinen annahmen, sie enthalte den Schatz von König Salomo.

Hellenistisch beeinflusste zweigeschossige Fassade des Schatzhauses

Ruinen des römischen Tempels

Ausgrabungen vor dem Schatzhaus lassen vermuten, dass unter dem Schutt, den die Fluten der jährlichen Sturzbäche ablagerten, es noch ein Stockwerk gegeben haben muss. Das Schatzhaus wird ab etwa 9.30 Uhr für zwei Stunden in gleißendes Sonnenlicht getaucht, aber sobald der Schatten darauf fällt und es eine rötliche Farbe annimmt, wirkt es stimmungsvoller. Wenn man den Felsen rechts vom *Siq* besteigt, was offiziell nicht erlaubt ist, und auf der Simshöhe des Bauwerks steht, bietet sich ein eindrucksvoller Blick auf die Ruine.

Alle Felsfassaden, auch die des Schatzhauses, sind Grabanlagen. Die Wohnungen sind längst verschwunden, erhalten blieben aber das 7000 Besucher fassende, aus dem Fels gehauene Theater sowie ein von den Römern erbauter Tempel aus der Zeit, als sie Petra

beherrschten. Zu sehen ist auch der Abschnitt einer nabatäischen Straße, die hinter dem alten Markt verlief.

Petras abgeschiedene Lage mitten in der Wüste erklärt, weshalb die Stadt nach ihrem endgültigen Niedergang, als nur noch Beduinen in ihren Ruinen und Höhlen hausten, 300 Jahre lang in Vergessenheit geriet und verborgen blieb. Für das Abendland wurde Petra 1812 von Johann Burckhardt »wiederentdeckt«.

Zwar wohnen die Beduinen in einem Nachbardorf, dennoch sind sie allgegenwärtig: Dafür dass sie die Ruinen verließen, wurde ihnen deren touristische Nutzung zugesprochen.

Verwitterte Felsskulptur eines Mannes mit einem Kamel im *Siq*

Inneres des Schatzhauses

Detail an der Straße der Fassaden

Kamele vor dem Schatzhaus; im Hintergrund der *Siq*

Um Petra besser kennen zu lernen, sind mehrere Tage nötig, vor allem wenn man auch entlegenere Ruinen besuchen will wie etwa das so genannte Kloster in der Umgebung. Einen Eindruck von der Ausdehnung Petras gewinnt man, wenn man die steilen Stufen zum Hohen Opferplatz hinaufsteigt; von hier genießt man einen Rundblick über die antike Stätte und kann auch beobachten, wie die Sonne hinter den höckerartigen Hügeln jenseits des Tals untergeht.

ⓘ

Petra, nur wenige Autostunden von Jordaniens Hauptstadt Amman entfernt, kann man per Bus oder Mietwagen erreichen. In Petra gibt es etliche Hotels, aber das Fünfsternehotel Mövenpick liegt unmittelbar am Parkeingang. Innerhalb des Parks gibt es Verkaufsstände für Lebensmittel und Getränke, man sollte aber wegen der Hitze ausreichend Wasservorräte mitführen. Die Ruinen sind vom frühen Morgen bis um 18.00 Uhr geöffnet; man kann sich darin auch noch länger aufhalten, wenn man den Sonnenuntergang beobachten möchte. Am Info-Center für Besucher erhält man Tickets für ein-, zwei- oder dreitägige Besuche und kann auch einen lokalen Führer anheuern.

Von den Chugach Mountains abwärts gleitender Gletscher

College Fjord
Alaska

Wenn Sie Ihr Gesicht einem der 16 Gletscher zuwenden, die sich in den Chugach Mountains des College Fjords nach unten wälzen, werden Sie trotz der niedrigen Außentemperatur einen kühlen Lufthauch verspüren – er stammt von diesen gewaltigen, sich auftürmenden Eismassen.

Der College Fjord wurde 1898 entdeckt, als eine Expedition einen Weg zu den Goldgruben von Klondike suchte, der nicht durch den Yukon führte. Der 30 Kilometer lange Fjord und seine Gletscher wurden nach den Colleges der Eliteuniversitäten im Osten der USA benannt. Entferntester Punkt ist der Harvard-Gletscher, einer der wenigen, die noch zum Meer vordringen. Obwohl auch andere Gletscher auf ihrem Weg dahin tief eingeschnittene Täler formen, schmelzen sie schneller, als sie zu Tal gleiten, sodass sie sich zurückzuziehen scheinen.

Am bequemsten erreicht man den College Fjord auf einer Kreuzfahrt vom Prince-William-Sound nach Südosten; wer das Abenteuer liebt, kann auch im Boot den Gletschern entgegenpaddeln. Sie sollten schon bei Sonnenaufgang wach sein, wenn die Wolken, die die Chugach

Nebel über dem College Fjord mit den Chugach Mountains im Hintergrund

Mountains oft überziehen und mitunter auch das Wasser im Fjord einhüllen, im morgendlichen Licht orange und purpur schimmern.

Die Farbe des Eises wechselt von hellem, gleißendem Weiß an der Spitze eines Berges zu Türkis- und Blautönen an der harten Oberfläche. (Kein Wunder, dass die Völker kalter Regionen oft eine Vielzahl von Namen für Eis und Schnee kennen.) Durch die Abwärtsbewegung der Gletscher, in deren Verlauf tiefe, schroffe Täler entstehen, werden im Eis Felsbrocken und Erde mitgeführt. Die Geschwindigkeit schwankt, und es gibt eine deutliche Grenze, wo Felsen und Bäume auf den talwärts sich windenden Eisstrom stoßen.

Größe und Ausmaße von Gletschern und Fjorden lassen sich nur schwer bestimmen. Vom Schiff aus erscheint die ans Wasser reichende feste Eiswand haushoch, tatsächlich kann ihre Höhe das Zehnfache betragen. Daher wird auch die Struktur des Gletschers verdeckt. Aus der Ferne sieht er nur zerklüftet und ausgehöhlt aus, doch je stärker man sich ihm nähert, desto deutlicher erkennt man tiefe Spalten, Risse und Hohlräume, die durch den enormen Druck von Millionen Tonnen Eis in ihrer Bewegung bergabwärts entstehen. Dadurch

Killerwale in den kalten Gewäsern des College Fjords

Von den Chugach Mountains zum Meer gleitender Gletscher

Gletscher-Abbruchkante am College Fjord; nächste Doppelseite: Talwärts gleitender Gletscher

werden auf beiden Seiten des Gletschers Felsmassen abgetragen. Sobald eine Eiswand das Meer erreicht, stürzt sie ins Wasser; dabei brechen große Teile ab – der Gletscher »kalbt« – und im Fjord kommt es zu einer Flutwelle. Einige dieser Eisblöcke können die Größe eines Hauses erreichen; im Augenblick ihres Abbrechens und beim Sturz ins Meer erzeugen sie einen ohrenbetäubenden Lärm, wobei das Meer dann wie mit Glassplittern übersät wirkt.

Trotz dieser so unwirtlichen und scheinbar lebensfeindlichen Umgebung trifft man im College Fjord auf eine erstaunlich artenreiche Tierwelt. Mit etwas Glück kann man Schwertwale und Weißwale vorbeiziehen sehen, häufiger ist aber die Begegnung mit Seeottern oder Robben.

ⓘ

Wegen seiner Abgelegenheit ist der College Fjord nur auf einer Kreuzfahrt erreichbar. Unternehmen wie Norwegian Cruise Line oder Princess Lines veranstalten von Vancouver oder Seattle eine sieben Nächte dauernde Hinreise bis nach Seward, das drei Stunden entfernt von Anchorage liegt. Dabei wird meist in Ketchikan, Juneau, Skagway und Glacier Bay Halt gemacht. Die Kreuzfahrten umfassen Rundreisen oder Einwegreisen von Seward nach Süden. Beste Reisezeit sind die Monate Juni bis August; die Winter sind für Urlaubsreisen zu lang und kalt.

Statuen vor dem siebten Pylon des Amuntempels

Karnak-Tempel
Luxor, Ägypten

Der Amuntempel spiegelt sich im Wasser des heiligen Sees.

Der Amuntempel in Karnak ist der dauerhafte Beitrag zum Streben der Pharaonen nach Unsterblichkeit. Als mächtige religiöse Institution ist er vermutlich repräsentativer für das Leben im alten Ägypten als die Pyramiden von Giseh, die trotz ihrer riesigen Ausmaße im Grunde nur die Grabstätten verstorbener Herrscher sind. Der Einfluss des Tempels währte über 1300 Jahre und war entscheidend für die Macht der Pharaonen des Neuen Reiches, darunter Sethos I. und Ramses II.

Die über 3500 Jahre alte Große Säulenhalle (Großer Hypostylesaal) nimmt 6000 m² ein und zählt 136 Steinsäulen, jede davon 23 Meter hoch und mit einem Umfang von 15 Metern. Etliche davon wurden aufwändig restauriert, sind aber immer noch bedeckt mit eingemeißelten Hieroglyphen und kunstvollen Flachreliefs mit Darstellungen ägyptischer Gottheiten wie Amun, dem dieser Tempelbezirk gewidmet ist. Einige Säulen weisen noch Spuren der ursprünglichen Bemalung aus der Zeit um 1300 v. Chr. auf.

Zur Zeit der Pharaonen war die Halle überdacht; davon zeugen die Spuren einiger Balken, die die Dachkonstruktion trugen. Im Innern muss Halbdunkel geherrscht haben, einzige Lichtquelle waren seitliche Fenster aus durchbrochenem Stein, die das Tageslicht einließen. Man kann sich leicht vorstellen, wie die Prozession der Priester die heiligen Hallen durchschritt und der Pharao auf den Reliefs die Götterbildnisse mit den Gesichtszügen des Herrschers bewunderte.

Der Amuntempel ist der größte und vollständigste der drei Tempel, die den Komplex von Karnak bilden. Die beiden anderen – der Tempel der Mut und des Month – sind weitgehend verfallen. Zwar ist die Große Säulenhalle des Amuntempels der eindrucksvollste Bereich, es gibt aber weitaus mehr zu sehen. Vom Eingang führt eine Allee mit widderköpfigen Sphingen zum ersten Pylon, einer 43 Meter hohen und 8 Meter dicken Mauer mit einem Durchbruch als Eingang in der Mitte. Dahinter erstreckt sich der Innenhof mit einer Kolossalstatue von Ramses II. und einem kleinen, Ramses III. gewidmeten Tempel. Außen säumen ihn einige Sphingen, während im Inneren einige hohe Statuen aufgestellt sind. Hinter dem zweiten Pylon liegt die Große Säulenhalle, gefolgt von den restlichen Tempelanlagen, für deren Besichtigung man mindestens zwei Tage benötigt.

Gesichtslose Figuren auf Flachreliefs im Amuntempel

Karnak ist tagsüber oft überlaufen. Wer aber schon früh um 6.00 Uhr da ist, wenn sich die Tore öffnen, kann alles in Ruhe genießen. Dann empfiehlt es sich, passendes Geld für den Eintritt mitzuführen, da die Kasse so früh kein Restgeld hat. Gegen 9.00 Uhr, wenn die ersten Touristenbusse kommen, sollte man die Anlage verlassen. Wem die Nachmittagshitze nichts ausmacht, kann nach 15.00 Uhr, wenn die Reisegruppen wieder fort sind, zurückkehren.

Aus rotem Granit gehauener Obelisk Thutmosis' I. und Pfeiler in der Großen Säulenhalle

Pfeiler in der Großen Säulenhalle des Amuntempels

Flachrelief an der Außenmauer der Großen Säulenhalle

Mitunter ist dieselbe Eintrittskarte morgens und nachmittags verwendbar, v. a. wenn man vor Verlassen der Anlage erwähnt, dass man wiederkommt.

Durch die Sphingenallee, wo einst die Prozession zu Ehren Amuns vorbeizog, gelangt man zurück in den Ort. Etliche Sphingen fehlen heute und die Allee endet bald am Rande von Luxor. Man kann sich auch am rückseitigen Tor des Luxortempels abholen lassen, wo eine viel besser erhaltene Sphingenallee, wie sie zur Pharaonenzeit ausgesehen haben muss, die Tempel von Karnak und Luxor miteinander verbindet.

ⓘ

Von Kairo gelangt man mit einem Inlandflug oder dem bequemen Nachtzug mühelos nach Luxor. Das exklusivste Hotel ist hier das Winter Palace, für Karnak ist das Nile Hilton Hotel günstiger. Reisebegleiter kann man am Kartenschalter anheuern, doch sollte man den Preis aushandeln. Taxis sind sehr günstig, doch muss man um den Fahrpreis hartnäckig feilschen. Wer eine Pferdekutsche vorzieht, sollte prüfen, ob die Pferde einen gesunden Eindruck machen, und den Kutscher bitten, die Pferde nicht galoppieren zu lassen. Verlassen Sie nicht Luxor, ohne das Tal der Könige und Königinnen jenseits des Nils zu besichtigen.

Heiligtum im Amuntempel

Füße der Kolossalstatue von Ramses II. im Amuntempel

Rio de Janeiro

Brasilien

Panoramablick vom Corcovado auf den Zuckerhut und die Guanabarabucht in der Dämmerung

Der Corcovado, ein knapp über 700 Meter hoher Fels, der die Guanabarabucht beherrscht und auf dessen Gipfel die 38 Meter hohe Christusstatue aufragt, prägt die Erinnerung an das Stadtbild von Rio de Janeiro. Vom Gipfel überblickt man bei klarer Sicht fast die gesamte Stadt, vom Geschäftszentrum bis zu den berühmten Stränden von Ipanema und Copacabana. Auch bietet sich von hier oben eine herrliche Aussicht auf den Zuckerhut, ein weiteres Wahrzeichen der Metropole.

Rio ist die vielleicht eindrucksvollste Hafenstadt der Welt und läuft meiner Ansicht nach Sydney und Hongkong den Rang ab. Während die Letztgenannten auf ihre eigene Art verblüffend sind, hat Rio den Vorteil, dass es auf mehreren Hügeln angelegt ist, die auch heute noch zum Teil von Regenwald bedeckt sind, und den Blick freigibt auf die Felsinseln in der Guanabarabucht. Inmitten eines Parks gelegen, der um 8.00 Uhr öffnet, kann man den Corcovado mit dem Taxi oder mit

Aussicht vom über 700 Meter hohen Corcovado

Christus der Erlöser

einer betagten Zahnradbahn erreichen. Es lohnt sich, frühmorgens da zu sein, wenn Nebelschwaden die Bucht überziehen und nur die Gipfel der Inseln aus dem Morgendunst aufragen. Ein sehenswertes Schauspiel erlebt man in der Dämmerung, wenn die Sonne hinter den Hügeln von Rio versinkt und die Stadt in die Farben des Abendrots taucht.

Ipanemastrand

Nicht weniger eindrucksvoll erscheinen Rio und der Corcovado vom Zuckerhut aus am Morgen oder in der Dämmerung, wenn die Stadt in einem jeweils anderen Licht erstrahlt.

Wer den Sonnenaufgang erleben möchte, sollte mit dem Taxi nach San Cristobel fahren. Der Aussichtspunkt liegt zwar niedriger als der Corcovado, bietet aber ein atemberaubendes Panorama.

Von der Spitze des Zuckerhuts können Sie zu einem kurzen Rundflug mit dem Hubschrauber starten, der Sie über Rio und rund um die Statue mit Christus dem Erlöser führt.

Rio hat weitaus mehr zu bieten als Naturwunder und reizvolle Ausblicke. Keine andere Metropole verkörpert so eindringlich die

Die weltberühmte Copacabana

Philosophie vom »Leben als Strand« wie Rio. Und wo kann man dies besser erleben als in Copacabana und Ipanema? Diese Strände spiegeln die Seele der Cariocas wider, wie sich die Einwohner von Rio selbst bezeichnen. Während Klubbesucher, die hier nach einer durchfeierten Nacht Entspannung suchen, allmählich den ersten Joggern weichen, bricht das Schauspiel der nächsten 24 Stunden mit seinen Akteuren an, den Urlaubern und Beachboys, Beach-Volleyball-Spielern und Bodybuildern.

Rio war wegen der hohen Straßenkriminalität in Verruf geraten, hat aber Anstrengungen unternommen, um dieses Problem zu bewältigen. Wie in vielen Großstädten führen Drogen und Elend in bestimmten Stadtvierteln zu einer höheren Kriminalität; wer aber die Hauptzonen nicht verlässt (in denen die Hauptattraktionen liegen) und Wertsachen nicht auffällig mitführt, wird Rio weniger riskant finden als

Überfüllte Santa-Teresa-Straßenbahn

so manche Hauptstadt. Eigentlich bestand das größte Ärgernis, das mir widerfuhr, in den – wohlgemeinten – wiederholten Warnungen durch die Einheimischen, mit meiner Habe sorgfältig umzugehen.

Rio wird von Fluggesellschaften aus aller Welt angeflogen. Viele Hotels reihen sich am Strand von Copacabana und Ipanema aneinander. Die beste Adresse ist das Copacabana Palace. Auch wenn Sie nicht darin logieren, sollten Sie sich auf der Terrassenbar einen Dämmerschoppen gönnen. Deponieren Sie Wertsachen im Hotelsafe, bevor Sie sich zu den Stränden aufmachen, oder übergeben Sie sie den Wachposten, die jedes Top-Hotel am Strand aufstellt. Von den Stränden ist es nicht weit bis ins Stadtzentrum, aber Taxis sind auch billig. Ein Muss für jeden Rio-Besucher ist ein Aufstieg zum Zuckerhut und zum Corcovado.

Rio mit dem Zuckerhut, vom Corcovado aus gesehen

Taman Negara Urwald
Malaysia

Blick vom Hängebrückenpfad auf den Dschungel

Vom Bukit Teresek Hill aus schweift der Blick über dichten Regenwald.

Mit seinen über 130 Millionen Jahren ist Taman Negara der älteste Urwald der Welt. Der Dschungel, in dem Elefanten, das Sumatranashorn und der malaiische Tiger sowie 14 000 Pflanzen- und 300 Vogelarten heimisch sind, ist nur knapp drei Autostunden von Kuala Lumpur, der Hauptstadt von Malaysia, entfernt.

Den Nationalpark erreicht man am besten mit einer Busreise bis nach Kuala Tembeling, wo man in ein Boot umsteigt und flussabwärts bis nach Kuala Tahan zum Eingang zum Park fährt. Die Bootsfahrt ist Teil der einmaligen Erfahrung, die der Dschungel bereithält, und lässt seine Abgeschiedenheit vom Rest der Welt erkennen. Sie verläuft am Rande des Parks durch die atemberaubende Szenerie des Regenwaldes, der sich tief über das Wasser neigt.

In Kuala Tahan befindet sich das Taman Negara Resort, dessen Angebot von preiswerten Hotels bis zu Luxussuiten reicht. Am Flussufer gegenüber reihen sich schwimmende Restaurants aneinander, die günstige lokale Gerichte bieten. Das Taman Negara Resort liegt im Park und am Ende der Anlage beginnt der Regenwald.

Schon nach wenigen Schritten schließt das urzeitliche Dickicht den Besucher von der Außenwelt ab. Die Bäume dämpfen alle Außengeräusche und halten die Sonnenstrahlen so stark zurück, dass es beschützend, aber auch bedrückend wirken kann. Es dauert eine Weile, bis man sich an die Urwaldgeräusche gewöhnt. Das dauernde Zirpen der Insekten wird unterbrochen von den schrillen Lauten der Vögel und anderer Tiere. Im Dunkel nimmt das Stimmengewirr noch zu, sodass das nächtliche Konzert einem sogar den Schlaf rauben kann.

Elefanten, Tiger und Giftschlangen und schwirrende Insekten erinnern daran, dass der Dschungel eine für den Menschen feindliche Umgebung sein kann. Vorsicht ist geboten auch vor den Blutegeln, die nach den niedergehenden Regengüssen auf den Pfaden wimmeln und sich an jedes Tier oder menschliche Wesen heften, das sie berührt. Eine Wanderung durch den Urwald erzeugt bei manchen Touristen Urängste und versetzt sie in einen Zustand von Angespanntheit, wie man sie sonst nicht mehr kennt.

Stromschnellen von Lata Berkoh am Fluss Sungai Tahan

Es gibt zwei Arten von Regenwaldbesuchern: jene, deren Interesse der Erhabenheit, dem Reichtum und der Schönheit der Natur gilt, und jene, die buchstäblich nicht den Wald vor lauter Bäumen sehen. Natürlich gibt es »Attraktionen« in Taman Negara, z. B. die Stromschnellen von Lata Berkoh oder den Panoramablick vom Bukit Teresek Hill auf die Baumkronen, aber die wahren Schätze sind allgegenwärtig: von Baumriesen herabhängende Lianen, gigantische Wurzeln, farbenprächtige Vögel und träge Flüsse mit abgestorbener Vegetation an den Ufern.

Blick von unten auf den Canopy-Walk

Unweit von Kuala Tahan befindet sich der Canopy-Walk, das längste Hängebrückensystem der Welt, das ein einmaliges Erlebnis bietet: Über eine Strecke von 430 Metern führt es in bis zu 50 Meter Höhe von Wipfel zu Wipfel, sodass man aus der Vogelperspektive die reiche Pflanzenwelt und, mit etwas Glück, auch die Tiere ringsum bestaunen kann. Als größte Attraktion ist der Canopy-Walk oft recht überlaufen. Er ist meist täglich von 10.00 Uhr bis 15.00 Uhr geöffnet, außer am Freitag, wenn er von 8.00 Uhr bis Mittag zugänglich ist. Wer schon frühmorgens bei den Hängebrücken ist hat bessere Chancen, die Vögel und andere Tiere zu beobachten.

Das Kuala Tahan Resort ist weitläufig, sollte aber an den Wochenenden gemieden werden, wenn die Bewohner der Hauptstadt hierher strömen. Dennoch kann man ruhige Plätze finden, wenn man auf

Blick auf den urzeitlichen Dschungel vom Bukit Teresek Hill aus; im Vordergrund der Fluss Sungai Tahan

einem der Pfade tiefer in den Urwald vordringt. Man kann eintägige Wanderungen unternehmen oder in einer der Waldhütten übernachten, die an einer von den Tieren besuchten Wasserstelle oder Salzlecke eingerichtet sind. Eine im Urwald verbrachte Nacht bleibt ein unvergessliches Erlebnis. Umgeben vom dauernden Zirpen der Insekten wartet man, hoffend und bangend zugleich, dass irgendwelche Tiere auftauchen. Besonders unternehmungsfreudige Touristen können zu einer siebentägigen Trekkingreise zum Vulkan Gunung Tahan, dem

höchsten Gipfel der malaiischen Halbinsel, aufbrechen; dafür sollte jedoch ein einheimischer Begleiter angeheuert werden.

ⓘ

Taman Negara ist drei Autostunden von Kuala Lumpur entfernt. Den letzten Teil legt man im Boot bis Kuala Tahan zurück. Das Taman Negara Resort hat ein breites Hotelangebot, ist an den Wochenenden jedoch überfüllt und sollte gemieden werden. Die reizvollsten Ausblicke bietet der Canopy-Walk. Wer eine Trekkingreise durch den Dschungel oder eine Nacht in einer Waldhütte bucht, kann selbst scheuere Tiere zu Gesicht bekommen.

Mächtiges Wurzelwerk

Laubkronen bei Sonnenuntergang

Jaisalmer Fort

Rajasthan, Indien

Das Fort im Nebelschleier

Frauen in leuchtend bunten Saris am wassergefüllten Gadi Sagar Tank

Jaisalmer Fort liegt in der Wüste Thar im äußersten Westen des indischen Bundesstaates Rajasthan an einer einstigen Handelsroute, auf der Gewürze und Seide von Indien nach Arabien gelangten. Mehr als jeder andere Ort scheint Jaisalmer einem Märchen aus Tausendundeiner Nacht entsprungen zu sein, und zwar nicht nur wegen seiner Lage in einer unwirtlichen Wüste, sondern auch dank seines Äußeren. Die Kaufleute, die der Stadt zu Wohlstand verholfen hatten, erbauten Havelis, Häuser mit kunstvoll geschnitzten Fenstern und Balkonen, die eher dem arabischen als dem indischen Baustil verpflichtet sind.

Wohl gibt es mächtigere und eindrucksvollere Forts in Rajasthan wie etwa die Festungsanlage von Jodhpur, aber nur wenige strahlen in all ihrer Isoliertheit einen solchen Zauber aus. Außerdem gilt Jaisalmer als das weltweit einzige bewohnte Fort. Im Labyrinth enger Gassen

pulsiert das Alltagsleben, und Besucher müssen sich nicht selten zwischen heiligen Kühe den Weg bahnen.

Die Festungsanlage entstand 1156, als die Stadt gegründet wurde, und besteht aus 99 Bastionen, die miteinander durch Zinnen verbunden sind, die stellenweise die doppelte Wanddicke aufweisen. Das Fort war im Lauf der Geschichte wiederholt Schauplatz von Kriegen; davon zeugen heute noch auf den Zinnen die schweren Steinkugeln, die auf die Belagerer geschleudert werden sollten. Die Stadtstaaten schienen sich unablässig zu bekriegen, und 1294 plünderten muslimische Eindringlinge erstmals das Fort. Die Rajputenkrieger würden sich nie ergeben und zogen es vor, in einem als Johar bezeichneten Akt von Massenselbstmord auf dem Schlachtfeld ihrem unweigerlichen Tod entgegenzureiten, während die Frauen und Kinder sich in die Flammen stürzten, um ihre Ehre zu retten.

Die Hauptattraktion von Jaisalmer ist das Fort. An zwei Seiten des Hauptplatzes des Forts erhebt sich der siebenstöckige Stadtpalast des ehemaligen Maharadschas, und vom obersten Geschoss schweift der Blick hinunter auf die Stadt und in die Ferne der Wüste.

Außerdem gibt es mehrere mit Steinskulpturen ausgeschmückte dschainistische Tempel, deren Entstehung mitunter bis ins 12. Jahrhundert zurückreicht. In jenen Tempeln, die zum Besuch freigegeben

Detail der kunstvollen Steinmetzarbeiten an einem Balkon

sind, lässt ein subtiles Licht- und Schattenspiel die Skulpturen noch eindrucksvoller erscheinen als die Szenen an den Außenwänden.

Der vor fast 700 Jahren erbaute Gadi Sagar Tank bildete einst als Wasserspeicher die einzige Trinkwasserquelle der Stadt. Das in Trockenzeiten oftmals leere Becken füllt sich während der Monsunzeit (z. B. im September), sodass der Besucher das seltene Schauspiel erleben kann, wie das Fort gleichsam über einem See thront.

Das Jaisalmer Fort ist heute ständig einsturzgefährdet. Die Behörden erklären dies mit dem Absinken des Grundwasserspiegels infolge exzessiver Wasserentnahme durch die Gästehäuser des Forts, die Hoteliers hingegen machen die Stadtverwaltung dafür verant-

Im traditionellen indischen Stil errichtete Havelis in der Altstadt von Jaisalmer

wortlich. Welches auch die Ursache sein mag, es gibt Bestrebungen, jegliche kommerziellen Aktivitäten im Fort zu unterbinden, was hieße, dass die Touristen in der Stadt wohnen und für den Besuch des Forts Eintritt zahlen müssten. Ob man dieser Idee zustimmt oder nicht, sie wird die Atmosphäre des Ortes für immer verändern.

Jaisalmer blieb bis heute ein Handelszentrum, und die Menschen strömen aus den umliegenden Dörfern auf die Märkte der Stadt. Kamele sind aber nach wie vor ein Wirtschaftsfaktor, denn etliche Touristikunternehmen bieten Ausritte in die Wüste an. Am Stadtrand befinden sich die Barra Bagh Chattris oder königlichen Grabmäler. Sie

Dschainistischer Tempel im Inneren des Forts

Detail einer mit Skulpturen geschmückten Wand eines dschainistischen Tempels

bieten einen Panoramablick auf das Fort und auf die Stadt, die, tagsüber in einheitliches Gelb getaucht, in den Strahlen der untergehenden Sonne in Goldtönen aufleuchtet.

ⓘ

Während der Hauptreisezeit von November bis Januar gibt es Direktflüge von Delhi nach Jaisalmer. Außerhalb der Hauptsaison ist der Flughafen geschlossen, und man muss einen Nachtzug oder den Bus von Jodhpur nehmen. In Jaisalmer gibt es zwei Heritage-Hotels – das Jawahar Niwas und das Naryan Niwas Palace Hotel, von dessen Dach man das Fort überblickt. Das Letztgenannte hat einen Ableger, das Jaisal Castle, auch innerhalb des Forts. Wer Kameltouren vorzieht, sollte sie bei Mr. Desert, dem Gesicht von Jaisalmer, buchen.

Heilige Kuh auf einer engen Gasse im Fort

Elefantenstatue vor dem Nathmal ki Haveli

Galapagosinseln
Ecuador

Nistendes Paar von Blaufußtölpeln auf der Insel North Seymour

Seeleguane auf der Insel Bartolome

Auf den Galapagosinseln, 1000 Kilometer vor der Küste von Ecuador, wurde der Evolutionsprozess erstmals erkannt. Charles Darwin erreichte den Archipel 1835 und hielt sich hier fünf Wochen auf, in denen er Flora und Fauna der Inseln studierte und Material sammelte.

Die Artenvielfalt auf einem verhältnismäßig kleinen Raum sowie die Anpassungen der Tiere und Pflanzen an die lokalen Verhältnisse gaben Darwin entscheidende Anregungen für seine Abstammungslehre. Seine Erkenntnisse erschienen 1859 in dem Werk »Die Entstehung der Arten durch natürliche Zuchtwahl«.

Da es auf der Inselgruppe keine natürlichen Feinde gibt, kann man hier die Vielfalt der Tierarten beobachten, die Darwin zu seiner Theorie verhalfen. Auch die Einwirkung des Menschen auf die Natur war hier äußerst gering, sodass Vögel und andere Tiere auch heute relativ unbeeindruckt von der Anwesenheit der Menschen scheinen.

Jede Art und Unterart entwickelte sich unter Berücksichtigung der Gegebenheiten der einzelnen Inseln. So etwa geht der Blaufußtölpel auf der Insel North Seymour in Ufernähe auf Nahrungssuche, während der auf den entlegeneren Inseln wie Genovesa heimische Rotfußtölpel seine Nahrung weit draußen auf dem Meer sucht.

Aufragende Felsspitze auf der Insel Bartolome

Spielende Seelöwen auf der Insel Lobos

Als »typisches« Tier der Galápagosinseln gilt für viele Menschen die Riesenschildkröte, die man auf den Anhöhen von Santa Cruz, der zweitgrößten Insel des Archipels, beobachten kann. Einige Exemplare dieser mächtigen Panzerechsen dürften so alt sein, dass sogar Darwin sie in ihrer Jugend gesehen haben könnte.

Besuchern bleiben die Inseln als Begegnung mit einzigartigen Tierarten in Erinnerung, z. B. beim gemeinsamen Schnorcheln mit Galápagos-Seelöwen, die dicht neben dem Menschen herumtollen, bei der Beobachtung dutzender Seeleguane, die regungslos am Felsen zu kleben scheinen, oder des rituellen Balzverhaltens der Blaufußtölpel, beim Kontakt mit winzigen Haien, die den Besucher streifen, sobald er in Ufernähe durchs Wasser watet. Unvergesslich auch der Anblick der

Die Insel Lobos im Licht der Abendsonne

Riesenschildkröten, die majestätisch entlang einem Korallenriff dahingleiten, oder der eines Buckelwalweibchens und seines Jungen, wie sie auftauchen und ausatmend eine Luftfontäne hoch aufsteigt.

Der Archipel, der aus 13 größeren und etlichen kleineren Inseln besteht, ist Individualreisenden kaum zugänglich. Am besten, man nimmt an einer vier- oder siebentägigen oder noch längeren Kreuzfahrt teil.

Auf einer Kreuzfahrt von einer Insel zur anderen, wie es Darwin vor nahezu 200 Jahren tat, bietet sich dem Reisenden die seltene Chance eines Einblicks in eine noch unberührte Welt. Die Nacht verbringt man auf dem Schiff und überlässt den Tieren die Inseln, die sich auch heute ebenso unverfälscht zeigen wie seit Urzeiten.

ⓘ

Zu den Galápagosinseln gelangt man nur im Rahmen einer Kreuzfahrt. Flüge zu und von den Inseln gehen von Guayaquil aus. Tame Airlines fliegt zweimal täglich Isla an. Man kann auch von Quito aus fliegen. Vor Reiseantritt sollte man prüfen, dass im Ticketpreis auch die Eintrittsgebühr in den Park von 100 US-$ enthalten ist – das Ticket wird dann mit einem Stempel versehen –, andernfalls kann man den Flughafen nur gegen Barzahlung verlassen. Der Zugang von Touristen und Booten zu den Inseln wird von den Behörden streng kontrolliert, um die Auswirkungen des Tourismus möglichst gering zu halten. Auf den Inseln darf man nicht frei umherwandern und geplante Aktivitäten müssen genau eingehalten werden. Trotz dieser Einschränkungen bleibt jeder Tag ein unvergessliches Erlebnis. Weihnachten, Ostern und August sind die begehrtesten Reisezeiten.

Junger Fregattvogel auf der Insel Genovesa

Klippenkrabbe

Riesenschildkröte auf der Insel Santa Cruz

Seeleguane auf der James-Insel

Seelöwe auf der Insel North Seymour

Manhattan Island
USA

Die Freiheitsstatue bei Sonnenuntergang

Die Brooklyn Bridge im Dämmerlicht

Freiheitsstatue, neonüberfluteter Times Square, die grüne Oase Central Park und schluchtenartige Straßen mit gelben Taxis – New York scheint selbst jenen vertraut, die es noch nie besucht haben. Wie keine andere Stadt wurde es Teil des kollektiven Bewusstseins, nicht zuletzt dank immer wieder gesehener Bilder, obwohl es für die aggressive Kühnheit der Stadt keine angemessene Beschreibung gibt.

Es wäre sträflich, nicht auch das Bild von Manhattan zu erwähnen, das sich unserem Gedächtnis eingeprägt hat – in Hochhäuser rasende Flugzeuge, einstürzende Wolkenkratzer –, ein Bild, das nicht nur die Skyline veränderte, sondern auch unsere Wahrnehmung von der Welt ins Wanken brachte.

Wall Street mit der New Yorker Börse im Hintergrund

New York, das an der Mündung des Hudson River liegt, ist in fünf Stadtbezirke geteilt, darunter Manhattan, das Herz der Stadt. Dieses ist eigentlich eine viel kleinere Insel, als man zunächst denkt, denn eine Schiffsrundfahrt mit der berühmten Circle Line um Manhattan dauert nur zwei bis drei Stunden. Seine Insellage und die Gedrängtheit verliehen ihm eine Unabhängigkeit und einen Charakter, der es von den anderen Stadtbezirken unterscheidet. Auch seine Einwohner sind so, wie man sie aus den Filmen kennt – ein weltoffener Schmelztiegel von mehr als Einzelcharakteren, die ihre Mitmenschen und Besucher mit manchmal beängstigender Offenheit behandeln. Jeder Stadtbezirk besteht aus Nachbarschaften, in denen Gemeinschaften von Einwanderern verschiedenster Herkunft entstanden, die noch das Flair ihres Heimatlandes bewahrten. Chinatown und Little Italy etwa sind zwei Welten, in Manhattan aber trennt sie nur eine Straße.

Es ist relativ leicht, sich im Straßennetz zu orientieren, und mit der U-Bahn kommt man klar, wenn man die Streckenkarte bereithält. Die

Stadtbild im Zentrum von Manhattan

Times Square bei Nacht

»Streets« verlaufen von Ost nach West, die »Avenues« von Nord nach Süd und die Distanz von einem Block zwischen zwei Streets ist meist kleiner als die zwischen zwei Avenues.

Manhattans wahre Skyline erkennt man am deutlichsten von oben. Dann merkt man auch, wie dicht sich die Wolkenkratzer aneinander reihen. Die berühmte Plattform im 86. Stockwerk des Empire State Building bietet in der Tat die beste Aussicht auf das Häusermeer.

New York pulsiert vor Energie – in kommerzieller, sozialer wie kultureller Hinsicht – und ist daher zu Recht die »Stadt, die nie schläft«. Vom ersten Augenblick an, egal ob man per Schiff, Flugzeug oder mit dem Auto anreist, spürt man diese Energie, die auch den Besucher erfasst, bis man sich, widerstrebend, davon losreißt.

Sechs Prozent der Fläche Manhattans nimmt der Central Park ein. Im Herzen Manhattans gelegen ist er eine Oase der Ruhe. Von der

Weithin sichtbar: das Chrysler Building

Das Chrysler Building mit dem UN-Gebäude im Vordergrund

Empire State Building (links) und Chrysler Building, gesehen vom Hudson River

Südostecke Manhattans bietet sich ein grandioser Ausblick auf den Park vor dem Hintergrund der für New York typischen Gebäude an der Fifth Avenue – ein weiterer Kontrast in dieser Stadt der Extreme.

Manhattans Hotelangebot ist vielfältig. Daher sollten Sie erst den Bereich wählen, wo Sie logieren möchten, und dann mit der Hotelsuche beginnen. In Manhattan findet man sich leicht zurecht. Die U-Bahn-Preise sind niedrig, manchmal dauert es eine Weile, bis man mit dem Streckennetz klarkommt. Taxis sind nicht teuer. Das Geben von Trinkgeld hat ungewohnte Ausmaße erreicht; daher ist in Lokalen, Bars oder bei Taxis mit mindestens 15 Prozent Trinkgeld zu rechnen.

Blick über den Teich zum Südteil des Central Park und auf die Fifth Avenue

Chase Manhattan Plaza (das Gebäude unten links) und angrenzende Wolkenkratzer

Amantaniinsel

Titicacasee, Bolivien und Peru

Blick auf die bolivianische Kordillere von der Mondinsel (Isla de la Luna) aus

Vom Titicacasee geht eine betörende Schönheit aus. Die Intensität seines tiefblauen Wassers ist einzigartig unter den Frischwasserseen und lässt die Weite des Himmels und der Landschaft noch erhabener wirken. Mit seinen 8300 Quadratkilometern ist er der größte See Südamerikas und zugleich der höchstgelegene schiffbare See der Erde (3812 Meter). Die ungewöhnlich klare Luft, die Farbtöne des Sees und der Inseln verbinden sich zu einem Farbenspiel von besonderer Leuchtkraft.

Der 190 Kilometer lange und im Mittel 50 Kilometer breite See an der Grenze zwischen Peru und Bolivien gilt vielen Einheimischen als heiliger Ort, in dessen Tiefen Geister wohnen. Im Schöpfungsmythos der Andenvölker ist der Titicacasee die Geburtsstätte der Zivilisation und auch Mond, Sonne und Sterne entsprangen dem See.

Um sich ein Urteil über den See und seine Einwohner bilden zu können, muss man eine der Inseln besuchen, da sich dort Landschaft

Segelboot vor der Insel Taquile

Vor der Insel Taquile ankernde Boote; im Hintergrund die Amantaniinsel

Einwohnerin der Taquileinsel beim Spinnen von Wollfäden für die traditionelle Kleidung

Inkaruinen auf der Sonneninsel (Isla del Sol)

und Menschen von jenen des Festlandes grundlegend unterscheiden. Viele Touristen begeben sich direkt zu den schwimmenden Schilfinseln der Uruindianer. Mit der zunehmenden Verrottung der unteren Schilfschichten werden neue Schichten hinzugefügt, um die Struktur der Insel beizubehalten – eine Bautechnik, die bis in die Antike zurückreicht.

Die Inseln Amantani und Taquile, etwa drei Bootsstunden von der Stadt Puno im Golf von Chuquito entfernt, sind touristisch weniger erschlossen. Ihre Einwohner sprechen Quechua, die älteste lebende Sprache Perus, und ihre jahrhundertealten Traditionen haben sich bis heute weitgehend unverfälscht erhalten. Die Einwohner von Taquile verwenden immer noch aus Alpacawolle gewebte Stoffe. Frauen tragen Tücher und mehrere Röcke übereinander, während die Männer Wollmützen und bestickte breite Schärpen um die Taille bevorzugen.

Amantani, die größere der beiden Inseln, zählt rund 800 Familien – Fischer, Bauern und Weber. Uralte Steinmauern trennen die Terrassen der einzelnen Familien. Auf der Insel gibt es zwei Bergspitzen: Auf einer erheben sich die Ruinen des Pachamama-(Llaquistiti-)Tempels, auf der anderen die Reste des Pachatata-(Coanos-)Tempels. Diese Bauwerke der Vorinkazeit stellen die Mutter Erde bzw. den Vater Erde dar. Die jeden Januar stattfindende Fiesta de la Santa Tierra spaltet daher die Inselbewohner, da jeweils eine Hälfte an den Zeremonien der beiden Heiligtümer teilnimmt.

Sonnenuntergang, gesehen von Copacabana, Bolivien

Die besondere Höhenlage macht den Aufstieg zum Pachamama mühsam, dafür wird man mit einem Panoramablick auf die Cordillera Real auf bolivianischer Seite entlohnt. Vom Hügel aus kann man bestens den Sonnenuntergang beobachten, wenn die Farben des Sees und des Abendhimmels noch kräftiger zu leuchten scheinen.

Die von fast überall sichtbare schneebedeckte Kette der Cordillera Real erhebt sich einer schroffen Trennwand gleich zwischen den einsamen Weiten des Wassers und dem Himmel. Mitunter bleibt der Blick an einem Schwarm von Flamingos hängen, die an einer seichten Stelle im Wasser umherstolzieren. Gleichzeitig beleben diese pinkfarbenen Tupfer die so strengen und kühlen Farben des Sees.

Puno ist die Pforte zur peruanischen Seite des Titicacasees. Die Zugreise von Cuzco nach Puno dauert einen Tag und führt durch den Altiplano, das Hochland, in dem sich der See erstreckt. Das Städtchen Copacabana auf bolivianischer Seite im Südteil des Sees erreicht man von La Paz aus. Die schönsten Ausblicke auf die schneebedeckten Kordilleren auf bolivianischer Seite genießt man von den Inseln Isla del Sol und Isla de la Luna, die von Copacabana aus erreichbar sind. Nicht zu unterschätzen sind die Auswirkungen der Höhenlage, vor allem bei körperlich anstrengenden Aktivitäten wie etwa dem Wandern auf den Inseln. Die zwischen Peru und Bolivien verkehrende Fähre braucht für die Überquerung des Sees etwa zwölf Stunden.

Amantaniinsel mit der bolivianischen Kordillere im Hintergrund

Schilfdickicht am Ufer der Uruinseln

Brücke am östlichen Ende des Seerosenteiches

Monets Garten
Giverny, Frankreich

Monets Haus

Jedem, der mit dem Œuvre von Claude Monet (1840–1926) auch nur flüchtig vertraut ist, sind seine Gärten in Giverny in der Normandie ein Begriff, und der stille Seerosenteich inspirierte einige der namhaftesten Werke des 19. Jahrhunderts.

Monet sah Giverny erstmals aus einem Zugfenster heraus. 1883 ließ er sich hier nieder und begann die Gärten zu gestalten, die er für seine bedeutendste Leistung hielt. Sie sind ein Ort der Licht- und Schattenspiele, wo sich die zarten, flüchtigen Spiegelungen der Blätter und Blumen im stillen, grünen Wasser im unsteten Licht des so veränderlichen Wetters der Normandie unablässig wandeln.

Schmale Kiespfade durchkreuzen die Gärten, die sanft abfallen zum überraschend kleinen, aber umso stimmungsvolleren Teich. Spaziert man auf einem Pfad, der am Rand der Gärten entlangführt, bieten sich dem Besucher immer neue Ausblicke und Lichtspiele, und das Auge schweift ungehindert umher oder bleibt an Trauerweiden hängen.

Besucher können um Monets weitläufiges und rustikales Haus in Giverny herumspazieren und die Ausblicke genießen, die sein Schaffen so nachhaltig angeregt haben. Der Künstler verfolgte den Wandel der Farben im Lauf der Jahreszeiten und beobachtete ihn allmorgendlich vom Fenster seines Schlafzimmers. Der Hauptweg – die Grande Allée – führt vom Haus zur japanischen Brücke, die er so oft auf seinen Gemälden festhielt. Heute sind die Gärten durch eine Straße getrennt, aber ein Tunnel verbindet die beiden Teile.

Seit seiner frühen Schaffenszeit war Monet, der sich von der akademischen Atelierkunst abgewandt hatte, ein Anhänger der Freilichtmalerei und wollte in den Gemälden die Dinge in ihrer augenblicklichen Erscheinung erfassen. Die dafür entwickelte Maltechnik deutete einen Gegenstand nur an, zeigte ihn in den sich ständig verändernden

Maler am Seerosenteich

Weiden neigen sich über dem Seerosenteich.

Lichtverhältnissen und führte ihn nicht detailreich aus. Daher auch die Bezeichnung dieser Künstler als Impressionisten.

Während seines Aufenthalts in Giverny wurde Monet häufig von anderen Künstlern besucht, darunter Cézanne, Renoir, Matisse und Pissarro. Es ist ergreifend, wenn man sich heute vorstellt, dass sich so viele geniale Künstler auf so engem Raum zusammengefunden haben. Monet starb 1926 in Giverny im Alter von 86 Jahren.

ⓘ

Monets Landsitz im Dorf Giverny liegt 65 Kilometer nordwestlich von Paris, wenn man auf der A13 fährt. Da die Gärten tagsüber extrem gut besucht sind, empfiehlt es sich, möglichst früh anzureisen. Sie sind zwischen dem 1. April und 1. November täglich außer Montag von 9.30 Uhr bis 18.00 Uhr geöffnet. Im Juli und August, wenn die Seerosen erblühen, herrscht der größte Andrang. In Giverny selbst gibt es nur begrenzte Unterkunftsmöglichkeiten. Eine Website (www.giverny.org) bietet Infos über Anfahrt, Übernachtung und Blütezeit der Gärten.

Blick aus Monets Schlafzimmer auf den Garten

Mohnkapseln

Seerose

Ngorongorokrater
Tansania

Oben: Zebra; rechte Seite: Blick auf den Kraterkessel (Caldera)

Der Ngorongorokrater wirkt so ungewohnt, dass man erwartet, innerhalb seiner steilen Wände sogar längst ausgestorbenen Sauriern zu begegnen. Geprägt von den Naturgewalten, die sie erschaffen haben, ragen die Wände über 600 Meter vom Kraterboden auf.

Der Ngorongorokrater ist kein Krater, sondern ein Kraterkessel (Caldera), der durch den Einsturz eines Vulkans entstand. Mit einem Durchmesser von 22 Kilometern und einer Fläche von rund 250 Quadratkilometer ist er der weltweit größte, nicht mit Wasser gefüllte Kraterkessel. Blickt man vom Kraterrand hinab auf den Kesselboden, so mag der Ngorongoro unbewohnt erscheinen, doch erst bei genauerer Beobachtung mit dem Fernglas oder einem Teleobjektiv entdeckt man Leben. Jene ameisengroße Punkte, die sich langsam auf dem grasbedeckten Boden fortbewegen, sind in Wirklichkeit schnaubende Kaffernbüffel, die zu den gefährlichsten Großwildarten Afrikas zählen. Erst jetzt werden die tatsächlichen Maßstäbe deutlich.

Der Ngorongoro ist so ausgedehnt, dass in seinem Inneren eigene Witterungsverhältnisse herrschen. Nebel und Wolken hüllen den von Bergwäldern bewachsenen Kraterrand oft ein und die Wolkendecke ist so dicht, dass sie den ganzen Kraterkessel überzieht. Das Wetter weist starke Schwankungen auf: Während es an einer Seite regnen kann, herrscht auf der anderen Seite strahlender Sonnenschein.

Drohende Wolken über den Steilwänden der Caldera

Mag der Krater noch so erhaben und eindrucksvoll sein, die größte Attraktion des Ngorongoro ist sein einzigartiger Wildreichtum. Die Kraterwände bieten Großwildarten einen idealen Lebensraum und dienen zugleich als Schutz- und Rückzugsgebiet für gefährdete Tiere. Dazu gehören u. a. die vom Aussterben bedrohten Spitzmaulnashörner (Schwarze Nashörner). Während der Trockenzeit sind sie äußerst schwer zu beobachten, da sie den Tag meist schlafend im hohen Gras verbringen. Wenn das Gras aber noch kurz und grün ist, wühlen sie den Boden auf und erinnern an längst vergangene Zeiten, als sie schnaubend und alles niederstampfend durch weite Teile Afrikas zogen.

Hier leben auch die aus TV-Dokumentarstreifen bekannten Löwen, die jedoch aus Inzucht erzeugt scheinen; ihre räumliche Isolierung verhindert die Kreuzung mit Artgenossen aus dem außerhalb des Kraterkessels gelegenen Serengeti-Nationalpark.

Inmitten des Ngorongoro liegt der Sodasee Magadi, der besonders Flamingos anzieht. Deren Zahl schwankt erheblich – von einigen

Weißschwanzgnus beim Weiden auf dem Kraterboden

Straußenweibchen auf Nahrungssuche

tausend bis zu mehreren hunderttausend, wenn sie hier überwintern, um danach zurück zum Ostafrikanischen Graben zu ziehen.

Im Ngorongoro-Schutzgebiet trifft man fast alle afrikanischen Wildarten mit Ausnahme der Giraffe an. Die meisten Tiere sind Ganzjahresbewohner, obwohl Elefanten und Kaffernbüffel auf Nahrungssuche oft und vor allem nachts bis zum oberen Kraterrand vordringen.

Für Besucher ist das Schutzgebiet ab dem Morgengrauen zugänglich. Die Wege am Nordrand sind abschüssig, sodass ein Fahrzeug mit Allradantrieb zu empfehlen ist. Die Südroute, die auch die Sopa Lodge bedient, bietet einen leichteren Zugang zum Kraterkessel.

Überwältigendes Panorama vom Kraterrand aus

Herde von Weißschwanzgnus

Man sollte nicht überrascht sein, wenn man plötzlich Morani (Massaikrieger) sieht, die ihre Rinderherden ins Kraterinnere treiben, sie besitzen aber das Recht, ihre Herden hier weiden und tränken zu lassen. Und wer sich etwa darüber wundert, wieso man dadurch den Löwen eine mögliche Beutequelle bietet, wird sogleich belehrt, dass die Löwen im Lauf von Generationen richtig Angst vor den Massai entwickelt haben und bei deren Auftauchen – sehr zum Verdruss der Fremdenführer – es vorziehen zu verschwinden.

Das Ngorongoro-Schutzgebiet erreicht man nach einer etwa sechsstündigen Autofahrt von Arusha in Nordtansania, das von der Air Excel von Daressalam oder Sansibar aus angeflogen wird. Übernachten kann man in Lodges mit Ausblick auf den Krater. Die meisten befinden sich an der relativ erschlossenen Nordseite, aber Sopa Lodge, wo man herrliche Sonnenuntergänge genießen kann, liegt völlige abgeschieden an der sichereren Südroute. Safaritouren bietet vor allem Abercombie & Kent, das älteste afrikanische Reiseunternehmen, an. Wer die Region eingehender kennen lernen möchte, kann einen Abstecher zum nahe gelegenen Manyara-Nationalpark oder sogar zum weltberühmten Serengeti-Nationalpark machen.

Weidende Elefanten auf dem Kratergrund

Santorin
Griechenland

Kirchenglocke in Thira

Typisch für Santorin – blau überdachte Kirche in Oia

Wer in der idyllischen Stadt Oia auf der Insel Santorin (oder Thera, griechisch: Thira) beobachtet, wie die Sonne allmählich ins Meer versinkt, kann sich kaum die Kraft der Naturgewalten vorstellen, die die Insel um 1630 v. Chr. in Stücke sprengten.

Der gewaltige Vulkanausbruch zerstörte eine hoch entwickelte, der minoischen Kultur nahe stehende Siedlung, die auf dieser südlichsten Kykladeninsel seit etwa 2000 v. Chr. blühte. Zahlreiche Theorien identifizieren daher Santorin mit Platons sagenumwobenem Atlantis.

Das heutige Santorin ist der Rest des einst runden Kraterkessels, der nach dem Ausbruch unvollständig erhalten blieb und vom Meer überflutet ist. Er bildet einen so großen natürlichen Hafen, dass sogar einlaufende Fähr- und Kreuzfahrtschiffe darin winzig klein erscheinen.

Im Innern der Caldera entstanden zwei kleine Inseln, die mit dem Boot erreichbar sind. Man kann bis an den Rand des immer noch Dämpfe speienden Kraters wandern, der vor einem jederzeit möglichen Ausbruch zu warnen scheint. (Der letzte Ausbruch erfolgte in den 1920er-Jahren und 1956 erschütterte ein Erdbeben die Insel.)

Über den 300 Meter hohen Steilhängen liegt Thira.

Die schroffen Kraterwände ragen bis zu 300 Meter aus dem Meer auf. Die höchsten Steilabhänge findet man bei Thira, dem Hauptort der Insel, und bei Thirastefani, das heute ebenfalls zu Thira gehört. Beide Siedlungen sind am äußersten Rand des Kraters erbaut und überragen das Meer, das sich tief zu ihren Füßen erstreckt.

Jeder Ort hat am Fuß der Steilhänge seinen Hafen, den man über einen gewundenen Pfad erreicht. Thira verfügt über eine moderne Seilbahn, aber nur die Touristen nehmen den mühsamen Fußmarsch auf sich. Wer es bequemer vorzieht, kann einen Esel von einem der mürrischen Männer leihen, die ihren Tag damit verbringen, ihr Reittier den Pfad bergauf und bergab zu treiben. Bei Sonnenuntergang verlassen die Esel Thira im Galopp, froh darüber, nun auf dem Heimweg zu sein, und man muss richtig aufpassen, um nicht aus dem Sattel zu fliegen.

Santorin ist berühmt für seine malerischen weiß getünchten und blau überdachten Kirchen, die so oft vor dem Hintergrund des tiefblauen Ägäischen Meeres fotografiert werden. Auf der Insel gibt es so viele Kirchen und Kapellen, dass man sich unwillkürlich fragt, wer sie denn alle besuchen soll.

In den meisten Kirchen werden noch Gottesdienste abgehalten, und häufig sieht man graubärtige, in schwarze wallende Gewänder gehüllte Priester von Kirche zu Kirche eilen, als wollten sie ihre Schäfchen in einem der zahlreichen Lokale auffinden und zum Gotteshaus treiben.

Wie so viele andere Orte ist auch Santorin fest in der Hand des Tourismus und die Mehrheit der einstigen Fischerhäuschen wurde zu Hotels, Restaurants oder Pensionen umgebaut. Dennoch bewahrt die Insel noch viel von ihrem ursprünglichen Charme. Besonders in Oia, das im Norden von Santorin liegt, findet man Kneipen, die zum Verweilen einladen, und hübsch eingerichtete Pensionen, geschmückt mit

Kreuz auf einer Kirchturmspitze in Thira

Panoramablick von einer kleinen Kapelle in Thirastefani auf das Meer

Körben bunter Blumen, alten Fischernetzen, während in winzigen Höfen Katzen vor sich hindösen.

ⓘ

Santorin erreicht man bequem mit der Fähre oder mit einem Inlandflug der Olympic Airways von Athen. Im Sommer gibt es auch Direktflüge aus einigen europäischen Städten. Während der Hauptsaison findet man nur schwer Unterkunft; daher sollte man ein Zimmer rechtzeitig buchen. Eine der besten Adressen in Thira ist das Santorini Palace mit Blick auf den Krater. Das Busliniennetz ist ungenügend ausgebaut, es gibt aber Taxis sowie Autos zum Mieten. Die meisten Strände befinden sich außerhalb der Ortschaften und haben schwarzen Vulkansand, dennoch bieten sie angenehme Entspannung.

Typisches Haus in Oia

Sinnbild südländischer Urlaubsidylle – blau überdachte Kirche vor dem Hintergrund des tiefblauen Meeres und der zerklüfteten Steilküste

Hügel und Tafelberge in der Region Giant's Castle

Das Amphitheater
Drakensberg, Südafrika

Sonnenaufgang unweit von Cathedral Peak

Wer am Rand des 3000 Meter hohen Amphitheaters im uKhahlamba-Drakensberg-Nationalpark steht, kommt sich winzig klein vor. Dabei handelt es sich um ein mächtiges hufeisenförmiges Felsplateau, in dessen Inneren sich Wolken ansammeln, die ein ständig neues Bild bieten, und wo soeben noch tief unten das Tal sichtbar war, liegt jetzt eine dicke Wolkendecke, die alles Gesehene wie ein Trugbild erscheinen lässt.

Die Wände des Amphitheaters fallen senkrecht ab bis in ein grünes Tal und bieten eine überwältigende Aussicht auf die als »Drachenzahn« bekannte Felsformation. Etwas weiter entlang dem oberen Saum des Amphitheaters ergießen sich die Tugela-Wasserfälle 850 Meter tief über den Rand und bilden die Quelle des Tugelaflusses.

Drakensberg bedeutet auf Afrikaans »Drachenrücken« und uKhahlamba ist das Zulu-Wort für »Wall aufgerichteter Speere« – ein treffender Ausdruck für den gezackten Bergrücken, der auf rund 350 Kilometern die Grenze zwischen Lesotho und Südafrika bildet.

Auf dem Plateau des Steilabbruchs erstreckt sich flaches Land, das Teil von Lesotho, dem »Königreich des Himmels«, ist. Es stellt einen einzigartigen und empfindlichen Lebensraum für die artenreiche Tier- und Pflanzenwelt dar. In der reizvollen Berglandschaft mit üppigen Weiden wachsen kleine Wildblumen, die sich bestens an das wechselhafte Wetter angepasst haben. Wegen der beträchtlichen Höhe des Plateaus erleben Bergwanderer oben Frost und Minustemperaturen, während unten schönstes Sommerwetter herrscht.

Um auf das Plateau des Amphitheaters zu gelangen, fährt man zunächst zum Golden-Gate-Highlands-Nationalpark, der in den Drakensbergen liegt. Von hier aus führen zwei Wege nach oben: ein zwei- bis dreistündiger steiler Wanderpfad oder für Kletterer ein Aufstieg über Leitern. Welche Route man auch wählt, man sollte sehr früh starten, da häufig am späten Vormittag dichter Nebel aufzieht und die Sicht dann erheblich beeinträchtigt ist.

Ansicht des »Drachenzahns« aus dem Golden-Gate-Highlands-Nationalpark

Hügel in der Region Giant's Castle

In der Umgebung der Drakensberge finden sich, verborgen in Höhlen, herausragende Zeugnisse afrikanischer Felskunst. Allein in dieser Region gibt es mehrere hundert Stätten mit tausenden Felszeichnungen. Sie sind das Werk der San, eines Volkes, das einst durch das gesamte südliche Afrika umherstreifte, heute aber nur noch in wenigen Regionen rund um die Kalahariwüste in Botswana lebt. Von kleinem Körperwuchs werden sie (fälschlicherweise) als Buschmänner der Kalahari bezeichnet. Ihre Felsmalereien halten das Leben und die Geschichte der San fest. Man vermutet aber, dass ihnen eine tiefere spirituelle Bedeutung zukommt. Die ältesten Felsmalereien sind etwa 25 000 Jahre alt, die jüngsten vielleicht 200 Jahre. Für Rot- und Gelbtöne wurden Pigmente aus zermahlenen Eisenoxiden verwendet, während Manganoxide oder Knochenasche zur Herstellung von Schwarz und feiner Leim für das Weiß dienten. Häufig übermalten die Künstler ältere Bilder oder ergänzten bestehende Darstellungen.

Sehenswert sind außerdem der Cathedral Peak und Giant's Castle, wobei man für den Letzteren eine fünftägige Wanderung oder eine eintägige Autofahrt entlang dem Steilabbruch braucht.

Der Drakensberg-Steilabbruch ist etwa fünf Autostunden von Johannesburg oder zwei Autostunden von Pietermaritzburg entfernt. Unterkünfte und Lodges entlang dem Steilabbruch liegen relativ nah beieinander, doch sollte man die Hauptwege benutzen. Lassen Sie sich nicht zu direkteren Routen verleiten; sie sind kaum befahren, beschwerlicher und es gibt entlang diesen Strecken keinen Service. Die Parks unterstehen dem KwaZulu Natal Wildlife, der auch einige Lodges und Camps verwaltet, die den Zugang zu einzelnen Teilen des Parks erleichtern. Die Besteigung des uKhahlamba setzt eine harte Wanderung vom Golden-Gate-Highlands-Nationalpark voraus. Dazu sollte man sehr früh aufbrechen, da am späten Vormittag Nebel oft die Sicht nehmen.

Detail des »Drachenzahns« aus dem Golden Gate Highlands Nationalpark

Die Landschaft unterhalb vom Giant's Castle, der links im Hintergrund emporragt.

Felsmalerei der San im Höhlenkomplex Main Caves, Giant's Castle

Traditionelle arabische Dhau

Sansibar
Tansania

Gebäude an der Uferpromenade

Sansibar – schon der Name klingt exotisch und weckt Erinnerungen an orientalischen Zauber, an Sultane, Entdecker und arabische Dhaus, die vom Duft der Gewürze erfüllt sind.

Wer auf dem Seeweg von Daressalam in Sansibar eintrifft, dem präsentiert sich das Hafenviertel der Stadt fast wie in jenen Tagen, als die Insel britischen Forschern als Ausgangspunkt für ihre Expeditionen ins Innere Afrikas diente. (Von hier aus starteten David Livingstone, der die Viktoriafälle entdeckte, und Henry Morton Stanley, der Journalist, der beauftragt war, ihn aufzufinden.)

In der Mitte des Hafenviertels erhebt sich der im 19. Jahrhundert erbaute und »Haus der Wunder« genannte Sultanspalast, da er elektrischen Strom und den ersten Personenaufzug Afrikas besaß. Die restaurierte Residenz beherbergt heute ein Museum.

Sansibar blickt auf eine bewegte Geschichte zurück. Die Sultane von Oman regierten von hier aus über weite Teile der ostafrikanischen

Reich geschnitzte Holztür in der orientalischen Altstadt

Küste und gründeten Handelswege, die auch heute in den Vorderen Orient führen. Unter dem Druck der Briten ging ihr Einfluss zurück und fand mit dem blutigen Aufstand von 1956 ein Ende.

Sansibars Vergangenheit hat auch eine dunkle Seite. Im 18. und frühen 19. Jahrhundert war es das Zentrum des Sklavenhandels. Verfeindete schwarzafrikanische Stämme aus dem Landesinneren verkauften ihre Gefangenen oft an arabische Händler, die sie nach Sansibar brachten. Hier wurden die Sklaven an europäische und amerikanische Händler verkauft, die sie unter unwürdigsten Bedingungen per Schiff nach Amerika und in die Karibik brachten.

Heute noch kann man die ehemaligen Verschläge besuchen, wo man sie einpferchte, aber wo sich der Sklavenmarkt befand, steht heute eine anglikanische Kirche. Ihr Altar steht an der Stelle des ehemaligen Schandpfahls, und das Kreuz daneben stammt aus dem Holz jenes Baumes, unter dem Livingstone starb. Livingstone war ein unermüdlicher Kämpfer für die Aufhebung der Sklaverei, dennoch ging der Sklavenhandel auch nach seinem Verbot illegal weiter.

Das Herz der Altstadt Sansibars ist ein Gewirr enger Gassen, die überallhin und nirgends zu führen scheinen. Sehenswert sind die

Blick auf die Uferpromenade von Sansibar mit dem Sultanspalast

Die katholische Kirche von Sansibar

Im Hafen von Sansibar ankernde Dhaus

Steinhäuser mit reich geschnitzten Fronttüren, die oft noch aus den Zeiten des Sultans stammen. Sie dienten der Verteidigung, waren aber auch Ausdruck des Reichtums des Hausbesitzers.

Früh am Morgen scheint das Leben in der Stadt noch seinen Gang wie vor Jahrhunderten zu gehen. Man kann sich leicht vorstellen, wie die Forscher die Straßen auf der Suche nach Lieferanten und Lastenträgern durchkämmten.

Gekochte Speisen im Restaurant »Jamituri Gardens«

Überall empfängt den Besucher ein *Jambo* (Hallo) und *Karibu* (Willkommen). Im alten Hafen mit seinen Dhaus plaudern Fischer mit Einheimischen über ihren Fang. Dabei kann man auch die traditionellen Segelschiffe bewundern, die von Holzzapfen zusammengehalten werden. Auch heute noch transportieren Dhaus Güter zwischen Ostafrika und Nahem Osten, aber ihre Tage sind gezählt.

Die Stadt hat einige erstklassige Lokale, die beste Adresse ist jedoch »Jamituri Gardens« an der Uferpromenade. Schon früh am Morgen bauen die Händler auf der Straße Garküchen auf, um ihre Gerichte mit fangfrischen Fischen anzubieten. Krabben und Hummer bekommt man schon für ein paar Dollar, und während man an einem Glas frisch gepressten Zuckerrohrsaft nippt, kann man sich mit den Einheimischen über Gott und die Welt unterhalten.

ⓘ

Sansibar, den größten Ort der gleichnamigen Insel vor Tansanias Küste, erreicht man in wenigen Stunden mit der Fähre von Daressalam. Am Morgen gehen von hier mehrere Fähren ab; die letzte trifft hier am frühen Nachmittag ein. Die Tickets für die Fähre sollte man direkt am Kartenschalter kaufen. Man kann auch mit Air Excel von Daressalam nach Sansibar und manchmal von Sansibar nach Arusha fliegen. Dodoma ist offiziell die Hauptstadt Tansanias, viele Flüge starten aber von Daressalam. Die Stadt hat ein reiches Angebot an Hotelbetten; beste Adresse ist das Serena oder das Tembo House. An der Nord- und Ostküste der Insel findet man schöne Strände, deren Angebot von Strandhütten bis zu Luxushotels reicht. Örtliche Reisebüros organisieren Buchungen und Transfers.

Makalu

Himalaja, Nepal

Im Herzen des Himalaja, zwischen eisbedeckten Felsen und Gletschern, erhebt sich der Makalu, der fünfthöchste Gipfel der Erde. Zwar ist er nicht so bekannt wie der Everest, Annapurna und Khumba, dafür bietet er aber eine einzigartige Kulisse. Er ist Teil des abgelegenen Makalu-Barun-Nationalparks und genießt dadurch den Vorteil, nicht im Mittelpunkt politischer Konfliktzonen zu stehen.

Wie so viele Gipfel im Himalaja gilt auch der Makalu als heiliger Berg. Sein Name soll auf das Sanskritwort »Mahakala« zurückgehen, das die Personifizierung von Tod und Wiedergeburt bezeichnet und im tibetischen Buddhismus die beschützende Macht Buddhas verkörpert. Der Berg ist somit das Königreich des Mahakala.

Der Himalaja ist eine riesige Gebirgskette und man kann sich dessen Erhabenheit und Schönheit kaum vorstellen. Es ist aber keine erstarrte Schönheit. Gelegentlich vernimmt man das ferne dumpfe

Blick von den Gletschern am Fuß des Makalu

Rechte Seite: Gebirgssee auf dem Weg zum Makalu

Gebirgspfad über ein bebautes Feld neben dem Tal des Arunflusses

Grollen der Lawinen und mit den immer neuen Lichtspielen und Wolkengebilden scheinen sich im Tageslauf auch die Umrisse und Farben der Berge zu verändern. Es ist ein Schauspiel, das man stundenlang wie gebannt verfolgen könnte. Manchmal beleuchtet die golden schimmernde Abendsonne ganze Massive, die lange Schatten in die Täler und Gletscherspalten werfen. Dann wiederum erstrahlen Berghänge in Blau oder verschwinden plötzlich hinter den Wolken.

Die Luft ist in diesen Höhen so klar, dass man jederzeit die Umrisse der vereisten Gipfel erkennen kann, und nachts leuchten die Sterne so hell, dass man in ihrem Licht fast lesen kann.

Für eine Reise zum mächtigen Makalu braucht man Zeit. Sie ist auch beschwerlich, denn die Trekkingtour dauert neun Tage vom kleinen Flughafen in Tumlingtar bis zum Ziel. Sie verläuft meist in größeren Höhen, sodass es eine Weile braucht, bis man sich daran gewöhnt.

Auf der Tour passiert man Hochgebirgspässe, grüne Weiden und steile Terrassenhänge. Nur wenige Stunden vom Basislager entfernte

Der Makalu

Blick auf den Gipfel vom Makalu-Basislager

Hochgebirgssee auf dem Weg zum Makalu

Zwischen Wolken aufragender Makalu

Khambas (Bauernhöfe) erinnern daran, dass in diesen rauen Regionen Menschen ihr beschwerliches Dasein fristen, wenn man bedenkt, dass z. B. nach den regelmäßig niedergehenden Regengüssen die Pfade von Blutegeln übersät sind. Entlang diesen uralten, viel genutzten Pfaden gibt es Teestuben, wo man häufig einheimische Bauern trifft und sich mit ihnen bei einer Tasse Tee unterhalten kann.

Vom Makalu-Basislager erkennt man vier der fünf höchsten Gipfel der Welt: Everest (8848 Meter), Kangchendzönga (8586 Meter), Lhotse (8516 Meter) und, natürlich, den Makalu (8463 Meter). (Der zweithöchste Gipfel ist der K2 an der pakistanischen Grenze.)

Wer noch die Kraft hat, kann zum Everest-Basislager wandern, das sich westlich vom Makalu befindet. Man kann auch der üblichen

Gletschereis

Blick von den Gletschern zu Füßen des Makalu

Everestroute zurück nach Lukla folgen und mit einem Flugzeug nach Kathmandu fliegen. Auch wenn diese Route viel frequentierter ist und man hier nicht die Stille findet wie auf der Route zum Makalu, so vermeidet man zumindest, dieselbe Strecke zweimal gehen zu müssen.

ⓘ

Die Trekkingreise zum Makalu startet am Behelfsflugplatz von Tumlingtar, das man von Kathmandu aus erreicht. Es folgt eine mühsame neuntägige Tour bis zum Makalu und natürlich ein neun Tage langer Rückweg. Falls Sie keine Erfahrung als Trekkingtourist haben, sollten Sie die Reise über ein Reisebüro aus Kathmandu organisieren und einen Bergführer anheuern. In Nepal gibt es wiederholt Unruhen, ausgelöst durch maoistische Rebellen, sodass Sie sich möglicher Gefahren bewusst sein sollten, bevor Sie eine solche Reise planen. Beste Reisemonate sind April und Mai sowie der späte September und Oktober.

Priester mit einer mittelalterlichen reich illustrierten Bibelhandschrift vor dem Asheton-Kloster

Lalibela
Äthiopien

Legenden umranken die Felsenkirchen von Lalibela im Amharahochland von Äthiopien. Mitunter wurde angenommen, die Kirchen seien das Werk von Kreuzrittern, die aus dem Heiligen Land heimkehrten, doch die Äthiopier sind überzeugt, dass sie mit dem Beistand der Engel von König Lalibela vor nahezu 1000 Jahren erbaut wurden.

Formal am vollendetsten ist Beta Siyorgis, die Georgskirche, so benannt nach dem Schutzpatron Äthiopiens. Die aus dem Tuffstein herausgehauene Kirche mit kreuzförmigem Grundriss ist ein bautechnisches Meisterwerk. Ihre Erbauer müssen zunächst den 6 m tiefen Hof ausgehoben haben, um die äußeren Umrisse der Kirche zu schaffen, bevor sie sie mit Fenstern und Türen versahen. Erst danach wurde das Innere ausgehöhlt. Verblüffend ist neben der zu bewältigenden Aufgabe die Präzision in der Ausführung, wenn man bedenkt, dass sämtliche Arbeiten von Hand verrichtet wurden.

Der Komplex in Lalibela umfasst elf Felsenkirchen, darunter Beta Medhane Alem (Erlöserkirche), das mit 800 m^2 größte ausgehöhlte

Gesamtansicht der Georgskirche (Beta Siyorgis)

monolithische Bauwerk der Welt. Ihr Gewicht wird durch 72 Pfeiler getragen, die die Kirche zur Hälfte innen bzw. außen abstützen.

Die Kirchen sind keinesfalls verlassen, vielmehr werden hier regelmäßig Gottesdienste abgehalten und jede hat ihren ständigen Priester, der nach einiger Überredung auch bereit ist, dem Besucher den einen oder anderen Kirchenschatz zu zeigen. Dabei kann es sich um eine 700 Jahre alte Bibelhandschrift auf Pergament aus Ziegenhaut handeln, deren Text in Geez, der liturgischen Sprache im alten Reich von Aksum, verfasst ist. Häufiger jedoch zeigt der Priester das Kirchenkreuz und nicht wenige der kunstvoll geformten Kreuze reichen bis ins 12. Jahrhundert in die Zeit von König Lalibela zurück.

Die aus einem Felsen herausgehauene Georgskirche mit dem sie umgebenden Hof

Detailansicht der Georgskirche

Pilger beim Lesen in einer alten Bibel

Nach Lalibela kommen Pilger aus ganz Äthiopien und häufig sieht man sie in den Felsenkirchen beten. Hier wohnen zeitweise Einsiedler und nicht selten sieht man sie in abgegriffenen Bibeln lesen.

Am 19. Januar, wenn das Timkatfest (Epiphaniastag) begangen wird, entfaltet sich ein prächtiges Schauspiel: Aus jeder Kirche werden die heiligen Truhen (als Nachbildungen der Bundeslade) herausgetragen und in einem feierlichen Umzug durch die Stadt geführt.

In Lalibela wird wie in ganz Äthiopien der orthodoxe Glaube praktiziert. Die Annahme des Christentums geht auf die Entscheidung des Volkes und nicht auf die Tätigkeit von Missionaren zurück.

Im Westen verbindet man Äthiopien vor allem mit Hungerkatastrophen und Elend, das Land wurzelt aber tief in der Antike und in der biblischen Geschichte. Der Überlieferung zufolge soll die sagenumwobene Königin von Saba aus der nordäthiopischen Stadt Aksum stammen, in jener Zeit das Zentrum des blühenden Reiches von Aksum. Dessen Zerfall zwang König Lalibela zur Flucht in den Süden, wo er eine neue Hauptstadt gründete und die Felsenkirchen errichtete.

Viele Äthiopier betrachten Kaiser Haile Selassie, der Äthiopien von 1930 bis 1974 regierte, als direkten Nachfahren des unehelichen Sohnes von König Salomo und der Königin von Saba.

Betender Pilger vor der Emanuelskirche (beta Emanuel)

Ein lohnender Abstecher führt von Lalibela zum wenige Stunden entfernten Ashetonkloster, das auf einem öden, windgepeitschten Plateau in den Fels gehauen ist. Sehenswert sind hier die Wandmalereien und die Reliquiensammlung, man kann aber auch einen Einblick in die Lebensweise der Einheimischen gewinnen.

ⓘ

Unter anderem fliegt die Ethiopian Airlines die Hauptstadt Addis Abeba an; sie führt außerdem Inlandflüge nach Lalibela durch. (Einzige Alternative zum Flug ist eine beschwerliche zweitägige Autofahrt.) Man kann auch ein Flugticket entlang der so genannten historischen Route über Aksum, Bahar Dar, Gonder und Lalibela buchen. Die Unterkunftsmöglichkeiten in Lalibela sind ausreichend. Eines der besten Hotels ist das Roha. Es empfiehlt sich, rechtzeitig Zimmer zu buchen, vor allem während des Timkatfestes. Die Eintrittskarte (12 US-$) ist für die Dauer des gesamten Aufenthalts gültig. Nützlich ist auch ein örtlicher Reiseführer, der die Gespräche mit den Priestern übersetzen kann. Die meisten Hotels stellen Reiseführer zur Verfügung, doch sollte man sich vergewissern, dass sie über ausreichende Englischkenntnisse verfügen.

Wandgemälde im Inneren einer Felsenkirche von Lalibela

Pilger in Lalibela

Priester der Georgskirche

Machu Picchu mit dem Huayna Picchu im Hintergrund

Machu Picchu
Peru

Panoramablick auf die Ruinenstätte vom Machu-Picchu-Gipfel aus

Alles an Machu Picchu scheint unwirklich, und man fragt sich, wie es überhaupt entstehen konnte. Die verborgene Stadt der Inkas thront hoch oben auf einer sattelförmigen Bergkuppe zwischen zwei riesigen Gipfeln, geschützt durch Steilwände, die fast senkrecht ins Tal des Rio Urubamba abfallen. Was kann die Inkas bewogen haben, im unwegsamen Hochgebirge der Anden eine Stadt zu gründen?

Vor über 700 Jahren erbaut und seit dem 16. Jahrhundert in dichtem Wald verborgen wurde Machu Picchu 1911 wieder entdeckt. Es besteht aus rund 200 Gebäuden, darunter Häusern und Tempeln, einem Platz und einem Königspalast, die alle von Terrassenfeldern umgeben sind.

Die Leistung der Inkas wirkt umso erstaunlicher, als alle Granitquader für die Gebäude mühsam heraufgeschafft werden mussten. Die Blöcke wurden mit Bronzewerkzeugen bearbeitet und mit Sand geglättet, um sich ineinander zu fügen; dabei wurde beim Bau kein Mörtel verwendet. Noch heute verblüfft die unglaublich präzise

Verarbeitung der mächtigen Steinblöcke, denn zwischen ihnen lässt sich oft nicht einmal ein Papier hindurchschieben.

Machu Picchu besticht durch die Art, in der vorhandene Felsen in die Gesamtanlage eingefügt wurden. Die Kunst der Baumeister zeigt sich am deutlichsten beim Bau der Tempel.

Atemberaubende Ausblicke bieten sich, wenn man den Huayna Picchu, den Gipfel hinter Machu Picchu, besteigt, sowie vom weniger besuchten Machu Picchu Peak aus, den bei Sonnenaufgang die Strahlen zuerst erleuchten. Beide Gipfel beherrschen die Stätte und betonen die großartige bautechnische Leistung der Inkas.

Die Inkas verehrten den Sonnengott Inti, sodass die Sommersonnenwende ihr Hauptfest und der Sonnentempel ihr größtes Bau-

»Mausoleum der Könige« genannte Höhle unter dem Sonnentempel

Doppelter Toreingang

Sonnenaufgang über Machu Picchu

werk war. Tempel und Heiligtümer dienten der Feier astronomischer und anderer Ereignisse mit Bezug zur Sonne. Ein Felssporn namens Intihuatana (eine Wortbildung aus »Sonne« und »Fessel«) war der heiligste Ort des Tempels; hier fanden zur Wintersonnenwende Zeremonien statt, bei denen man die Sonne symbolisch an den Stein »fesselte«, auf dass sie nicht verschwinde. Solche Steine gab es auch in anderen Inkastädten; der Intihuatana von Machu Picchu ist nur deshalb erhalten, weil der Ort unentdeckt blieb.

Machu Picchu zählte vermutlich über 1000 Einwohner, die sich wegen ihrer abgeschiedenen Lage und Entfernung zu anderen Inkastädten selbst versorgt haben müssen. Dafür sprechen die komplexen Terrassenfelder, die dank ihrer Bauweise überraschend gut erhalten blieben. Ein ausgeklügeltes Bewässerungssystem sorgte dafür, dass das Regenwasser nicht ungenutzt abfloss, sondern zu den Terrassen weitergeleitet wurde, wo u. a. Mais und Kartoffeln gediehen.

Niemand weiß genau, weshalb Machu Picchu errichtet wurde und wieso es den Spaniern verborgen blieb. Einige vermuten, es diente einem der Inkakönige als geheimer Zufluchtsort. Wegen seiner isolier-

Aus Steinquadern erbaute Wohnungen unweit vom Sonnentempel

Kunstvoll angelegte Terrassen unter dem Intihuatana

ten Lage und der Höhe von rund 2400 Metern scheint auch eine militärische oder kommerzielle Rolle der Stadt ausgeschlossen zu sein. Welchen Zweck die Stadt auch erfüllte, sicher ist, dass angesichts der Mühen, die für ihren Bau verwendet wurden, sie bei ihren Erbauern einen hohen Stellenwert besessen haben muss.

ⓘ

Alle Touren nach Machu Picchu beginnen in Cuzco. Die Zugfahrt von Cuzco nach Aguas Calíentes dauert vier Stunden. Von der Stadt zu den Ruinen bzw. von den Ruinen zur Stadt verkehren Busse von 6.00 Uhr bis 17.30 Uhr. Die Züge kommen am späten Vormittag an und verlassen die Stadt am späten Nachmittag, sodass die günstigsten Besuchszeiten mit den wenigsten Touristen der frühe Morgen bzw. der späte Nachmittag sind. In Aguas Calíentes gibt es viele Unterkunftsmöglichkeiten. Die beste Adresse, nicht zuletzt wegen der Nähe zur Ruinenstätte, ist Machu Picchu Sanctuary Lodge. Es ist das einzige in der Nähe der Ruinen vorhandene Hotel und ein Aufenthalt dort bildet ein einmaliges Erlebnis.

Wohnhäuser an der Ostseite der Ruinenstätte

Uluṟu

Australien

Der in tiefem Rot erglühende Uluṟu im Licht der untergehenden Sonne
(Der Uluṟu-Kata Tjuṯa Nationalpark gehört zum Weltkultur- und Weltnaturerbe)

Aus welchem Blickwinkel man ihn auch betrachtet, der Uluṟu (bekannter als Ayers Rock) beherrscht die Landschaft. Aus der Ferne zeigt er sich als einziges Element, das den ebenen Horizont unterbricht, doch aus der Nähe, etwa auf der Zufahrtsstraße zum Kulturzentrum, wirkt er durch seine riesigen Maße geradezu bedrohlich.

Der Uluṟu – etwa 3,6 Kilometer lang, 2,5 Kilometer breit und 348 Meter hoch – ist der größte Monolith der Welt und besteht aus Sandstein, der sich im Lauf der Zeit durch Oxidation rot gefärbt hat.

Je mehr man sich dem Uluṟu nähert, desto größer ist die Fülle der erkennbaren Details. Folgt man dem Pfad am Fuß des Felsens, so entdeckt man tiefe Rillen, die die niederstürzenden Wassermassen

Westflanke des Uluṟu

Mutitjulu-Wasserbecken

Blick vom Süden auf den Uluṟu

nach heftigen Regenfällen in den Stein gemeißelt haben, denn trotz der ausgedörrten Landschaft regnet es hier gelegentlich. Zahlreich sind auch die durch Erosion entstandenen Felsspalten und Höhlen, die sich in den Schöpfungsmythen der Aborigines wiederfinden.

Die A<u>n</u>angu (Einheimische dieser Region) sind die traditionellen Besitzer des Uluṟu, der für sie eine besondere kulturelle Bedeutung hat. Zwei Wanderpfade auf diesem Fels belegen die tiefe Verehrung der Aborigines für natürliche Orte und selbst scheinbar belanglose Zeichen in der Landschaft gelten ihnen als heilig.

Der Muṯitjulu-Pfad führt durch ein seit Jahrtausenden bewohntes Gebiet zum Muṯitjulu-Wasserbecken. Etliche Formen entlang diesem Weg sind der Überlieferung zufolge das Ergebnis des Kampfes zwischen den urzeitlichen Schlangen Kuniya und Liru.

Entlang dem Mala Walk passiert man einige vom Malastamm für Zeremonien benutzte Plätze, bei denen die Männer die Spitze des Uluṟu erklettern mussten. Einst ein Muss für jeden Touristen wird die zwar nicht verbotene Besteigung des Gipfels heute von den Eingeborenen missbilligt, da sie ihre Glaubensvorstellungen verletzt.

Die Südflanke des Uluṟu unweit vom Muṯitjulu Walk (Der Uluṟu-Kata Tjuṯa Nationalpark gehört zum Weltkultur- und Weltnaturerbe)

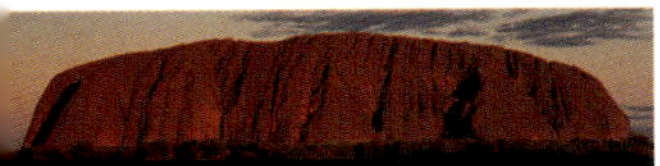

Die Abwägung der Bedürfnisse der Anangu und die der Touristen zeigt, wie schwer es ist, eine Kultur, die fast alles verehrt, mit einer Kultur, der kaum etwas heilig zu sein scheint, in Einklang zu bringen.

Etwa 45 Kilometer weit vom Uluru erheben sich die kuppelförmigen Gipfel des Kata Tjuta (die Olgas). Einige überragen den Uluru und gelten bei den Ananga auch als heilig. Wie der Uluru bieten die gewaltigen Sandsteinkuppeln bei Sonnenaufgang und -untergang einen faszinierenden Anblick und man sollte mindestens einen Tag für ihre Erkundung und für einen Gang durch das heilige Tal der Winde vorsehen.

Die Bilder in diesem Buch entstanden unter strikter Einhaltung der Bestimmungen zur kommerziellen Fotografie im Nationalpark, die verhindern sollen, dass Aufnahmen der heiligen Stätten veröffentlicht und damit die religiösen Vorstellungen der Anangu verletzt werden. Daher steht etwa die Hälfte der Stätte unter Fotografieverbot, das sich auch auf Bilder vom Sonnenaufgang bezieht, wenn der Uluru in einem glühenden Orange leuchtet, ein Ereignis, das allein schon einen Besuch lohnt.

Blick auf den Uluru vom Kata Tjuta

Kata Tjuṯa, »Berg der vielen Köpfe«, nennen die Aborigines die gewaltigen Kuppeln der Olgas (Der Uluṟu-Kata Tjuṯa Nationalpark gehört zum Weltkultur- und Weltnaturerbe).

ⓘ

Der Connellon Airport liegt einige Kilometer entfernt vom kleinen Ort Yulara (Ayers Rock Resort). Nur Quantas fliegt auf dieser Route; um ein günstiges Flugticket zu bekommen, sollte man daher rechtzeitig buchen. Durch den Park werden organisierte Touren veranstaltet, aber ein Mietwagen am Flughafen kostet selbst für eine Person kaum mehr, sodass man auch in diesem Fall schon früh buchen sollte. Yulara bietet Unterkünfte vom Campingplatz bis zum neu eröffneten Luxushotel Longitude 131 und im Ort gibt es außerdem einige Lokale und Läden. Die Eintrittskarte berechtigt zu einem bis dreitägigen Besuch des Parks.

Der Uluṟu im Licht der untergehenden Sonne

Silhouette des Uluṟu bei Sonnenaufgang

Die »Ghats«
Varanasi, Indien

Varanasi (früher Benares), das ohne Unterbrechung seit mehr als 4000 Jahren bevölkert ist und als älteste bewohnte Stadt der Welt gilt, ist der wichtigste hinduistische Wallfahrtsort. Sein Ruf als heilige Stätte ist so hoch, dass Gläubige überzeugt sind, hier sterben zu müssen, um vom endlosen Zyklus der Wiedergeburt befreit zu werden.

Der alte Hindu-Name für Varanasi lautet Kashi, »Stadt des Lichts«, und dieses weist hier tatsächlich eine besondere Intensität auf. Er ist einer der wenigen Orte, der dank der Eigenart des Lichts auch Künstler angeregt hat. Besonders deutlich wird dies bei Sonnenaufgang, wenn die Gläubigen zum Ganges baden kommen.

Alle verwinkelten Gassen von Godaulia, der Altstadt, scheinen zum Ganges hin angelegt zu sein. Entlang dem Ufer führen 47 hundert-

Pilger beim rituellen Band am Dasaswamedh-Ghat

stufige Treppen, »Ghats« genannt, hinunter zum Fluss; etliche sind viele hundert Jahre alt, andere wurden von den Maharadschas erbaut.

Pulsierendes Leben erfüllt die »Ghats«: Händler bieten alles feil, von Gemüse bis zu religiösen Bildern, Pandas (Pilgerpriester) predigen zu den Gläubigen, Barbiere rasieren die Häupter der Pilger und Sterbenden, Sadhus (heilige Männer) meditieren, Bootsleute rufen um Kunden, Dhobi-Wallahs (Wäscher) schlagen die Wäsche gegen die Stufen und Jungen spielen begeistert Cricket. Ströme von Pilgern aus ganz Indien bahnen sich durch dieses Gewusel einen Weg zum Fluss, um sich durch ein Bad von den Sünden zu reinigen.

Am besten lässt sich das Baderitual von einem Ruderboot aus verfolgen. Dazu gehört, am Vortag vor der geplanten Fahrt einen Bootsführer anzuheuern, sich im Hotel nach den üblichen Preisen zu

Der Rij-Rama-Palast am Darbhanga-Ghat

Pilger beim Bad im heiligen Fluss Ganges

erkundigen und dann um den Preis zu feilschen. Man sollte sich vergewissern, ob der Preis pro Person oder für das ganze Boot gilt. (Man sollte sich das auch schriftlich bestätigen lassen.)

Während man am nächsten Tag im Morgengrauen durch die engen Gassen der Altstadt stolpert und die heiligen Kühe beiseite schiebt, wähnt man sich auf einem seltsamen Weg ins Paradies. Sobald man aber im Boot den Ganges abwärts gleitet, während die ersten Sonnenstrahlen die Kühle vertreiben und die »Ghats« in ein mildes Licht tauchen, sind jegliche Unbequemlichkeiten vergessen.

Gläubige Hindus versuchen, mindestens einmal im Leben nach Varanasi zu pilgern, und müssen zum Abschluss an fünf verschiedenen »Ghats« in die Fluten steigen. Obwohl dem Baderitual eine tiefe spirituelle Bedeutung zukommt, lachen die Pilger, plantschen oder schubsen sich gegenseitig ins Wasser.

Es dauert einige Stunden, bis man die gesamte Strecke auf dem Ganges im Boot zurücklegt, um die Gläubigen und Sadhus beim Baden zu beobachten. Weisen Sie den Bootsführer an, beim Manikarnika Ghat anzuhalten, damit Sie aussteigen und den Rückweg entlang dem Ufer zu Fuß zurücklegen.

Manikarnika ist der »Ghat« der Einäscherung. (In Varanasi eingeäschert zu werden bringt auch die Errettung, daher lassen viele Hindus ihre Toten nach diesem Brauch bestatten.) Diese werden von weither – sogar auf dem Dach der Reisebusse – nach Varanasi gebracht. Hier angelangt, schafft man die Leichen, begleitet von den Gesängen des »Ram Nam Satya Hai!« (»Wahrheit ist der Name Gottes«), zu den Stufen des Ghat. Nachdem das Brennholz für den Scheiterhaufen gekauft wurde, betet man, der Leichnam wird verbrannt und die Asche in den Ganges gestreut.

Im Boot flussabwärts auf dem Ganges

Traditioneller indischer Schmuck in einem Laden in der Dasaswhamedv Ghat Road

ⓘ

Von Delhi und Kalkutta gibt es Flüge nach Varanasi. Man kann auch in bequemen Expresszügen anreisen; eine besondere Erfahrung vermitteln dabei die traditionellen indischen Züge. Bei der Unterkunft gibt es nur die Wahl zwischen Qualität oder günstiger Lage: Hotels in der Nähe der Ghats sind meist billig, aber ohne Komfort. Bessere – und damit auch teurere – Hotels gibt es vor allem in der Neustadt. Wie so oft in Indien besteht auch diesbezüglich ein extremer Gegensatz. Bessere Hotels organisieren Tagesausflüge nach Sarnath, einer Stadt, die etwa eine Stunde entfernt von Varanasi liegt. Hier hielt Buddha seine erste Predigt und ihm zu Ehren wurden mehrere Tempel errichtet.

Ein Sadhu eilt am Bhairavi-Ghat die Treppen hinunter.

Heron Island

Großes Barriereriff, Australien

Das Große Barriereriff besteht aus einer Kette ineinander greifender Riffe und Eilande, die sich vor der Küste von Queensland, Australien, über mehr als 2000 Kilometer erstrecken. Es ist das weltweit ausgedehnteste Korallenriffsystem und zugleich die längste aus lebenden Organismen, den winzigen Korallenpolypen, gebildete Struktur der Erde.

Das Große Barriereriff liegt 50–300 Kilometer vor der Küste und setzt sich aus über 2500 Einzelriffen (Fels- oder Korallenstreifen) sowie 600 Eilanden zusammen. Dabei unterscheidet man im Wesentlichen

Heron Island aus der Vogelperspektive

drei Inseltypen: Kontinentalinseln (gebildet aus den Gipfeln im Meer abgesunkener Gebirgsketten), Korallenbänke (von Riffkorallen bewachsene Wasseruntiefen) und Saumriffe (von der nahen Küste durch eine Wasserrinne getrennt). Viele dieser Inseln haben in ihrer Nähe Korallenriffe oder sogar sie umsäumende kleine Riffe, aber Heron Island (und unweit davon Wilson Island) sind insoweit einzigartig, als sie echte Korallenriffe und damit zugleich Teil des Barriereriffs sind.

Die Tauchgründe um Heron Island zählen zu den besten ihrer Art im gesamten Barrierreriff. Hier befindet sich das Heron Island Resort,

Ein Korallenriff umsäumt das Wilson Island.

das neben Unterkunft auch Tauch- und Schnorchelgänge anbietet. Wilson Island, wo sich nicht mehr als zehn Personen gleichzeitig aufhalten dürfen, wird von Heron aus verwaltet.

Von der Wasseroberfläche aus erscheint das Barriereriff völlig unspektakulär. Seine Schönheit offenbart sich erst aus der Luft oder aus der Tiefe. Aus der Vogelperspektive werden die tatsächliche Ausdehnung und das Farbenspiel erkennbar. Inmitten des türkisfarbenen Wassers scheint sich Riff an Riff aneinander zu reihen so weit das Auge reicht, während von weißem Korallensand eingefasste Eilande wie zahllose Punkte auf der Wasseroberfläche verstreut liegen.

Tauchen und Schnorcheln am Riff ist eine magische Erfahrung. Es ist, als betrete man eine völlig neue Welt, in der man nur den Seesinn braucht und die Schwerkraft aufgehoben wird. Im seichten Wasser zeigt sich das Riff in seiner ganzen Farbenvielfalt, in größeren Tiefen erscheint alles in tiefblauen Farbtönen.

Das Korallenriff bei Heron Island

Farbenprächtige Unterwasserkorallen

Das Korallenriff bietet unterschiedlichsten Lebewesen ideale Bedingungen: Farbenprächtige Fische flitzen umher, während Suppenschildkröten und Unechte Karettschildkröten die eher gemächliche Fortbewegung lieben. An der Spitze von Heron Island, in der so treffend genannten Shark Bay (»Haibucht«) hat man die Möglichkeit, an der Seite kleiner und relativ freundlicher Riffhaie zu schwimmen.

Für all jene, die keine Freunde des Schnorchelns oder Tauchens sind, hält das Heron Island Resort eine Art Unterseeboot bereit, eigentlich ein Mittelding zwischen Boot und Unterseeboot, in dessen gläsernem Schiffsrumpf man sitzen kann und bequem die Unterwasserwelt bestaunt.

Man muss aber nicht stets unter Wasser gehen, um Meerestiere erleben zu können. Während wir mit dem Boot von Wilson Island zurückkehrten, stießen wir auf einige vorbeiziehende Buckelwale und vernahmen deutlich deren lang gezogenen Gesang.

Der Monat September eignet sich besonders gut zur Beobachtung der Wale, während man im Januar und Februar eher die Schildkröten bei der Eiablage beobachten kann.

ⓘ

Quantas bietet Linienflüge von Brisbane nach Gladstone. Von hier setzt man mit der Fähre oder dem Hubschrauber nach Heron Island hinüber. Letzteres ist eine gute Möglichkeit, die Anreise mit der Beobachtung des Barriereriffs aus der Luft zu verbinden. Es gibt eine Fähre täglich, jedoch nur für Gäste des Heron Island Resort oder jene, die zur Forschungsstation reisen. Die Preise verstehen sich »all inclusive«. Ein besonderes Erlebnis ist das Meeresfrüchtebüffet am Samstagabend. Wer nicht auf der Insel wohnt, kann sie nur mit einem Charterboot besuchen. Da Heron Island inmitten eines Meeresparks liegt, sind Tauchen und Schorcheln zwischen den Korallenriffen rund um die Insel gestattet.

Traumstrand auf Heron Island

Reiher in Ufernähe auf Heron Island

Koralle auf Wilson Island

Wallfahrer auf der Nangkhor genannten Route

Lhasa
Tibet, China

Blick vom Jokhang-Tempel auf den imposanten Potala-Palast

Es ist nicht allein die Höhe, die Lhasa zu einer verwirrenden Erfahrung macht, auch wenn die Luft in rund 3700 Meter Höhe nur noch etwa 65 Prozent des Sauerstoffgehalts enthält, den sie auf Meereshöhe aufweist. Das Gefühl leichter Benommenheit geht teilweise auf die tiefe Spiritualität dieses Ortes zurück und auf den berauschenden Mix von Wacholderrauch und dem allgegenwärtigem Geruch von Yakbutter.

Erweiterung und Modernisierung prägen den chinesischen Teil der Stadt, aber das alte tibetische Viertel bewahrt besonders im Gewirr der engen Gassen rund um den Jokhang-Tempel immer noch eine vergeistigte mittelalterliche Atmosphäre. Der um 647 vollendete Tempel, die heiligste Stätte des tibetischen Buddhismus, wurde wiederholt umgebaut und erweitert, letztmalig nach den Schäden, die ihm während der chinesischen Kulturrevolution zugefügt wurden.

Um den Jokhang-Tempel gibt es mehrere Pilgerrouten. Die äußere, Lingkhor genannt, führt durch die gesamte Stadt. Der Barkhor oder die mittlere Route ist eine ringförmige Straße rund um den äußeren Tempelbezirk. Den ganzen Tag über und bis in die Nacht hinein ziehen Pilger in einem endlosen Strom im Uhrzeigersinn über den Barkhor. Furcht erregende Khambas (Angehörige aus dem öst-

Pilger mit Gebetsperlen

lichen Hochland) mit ins Haar eingeflochtenen roten Fäden vermischen sich mit rot gewandeten Mönchen und Golok-Nomaden in dicken Lammfellumhängen. Die meisten schwingen im Gehen Gebetsmühlen oder murmeln Gebete, während sie Perlenkränze durch die Finger gleiten lassen. Einige Pilger schlendern und unterhalten sich, andere werfen sich immer wieder demutsvoll zu Boden. Die Hände durch ein Lederstück oder Holzbrettchen geschützt werfen sie sich auf die Steinplatten, mit denen der Weg ausgelegt ist, und erzeugen ein schleifendes Geräusch, das den Barkhor erfüllt.

Vor dem Jokhang-Tempel stehen zwei große Pfannen zum Verbrennen des dargebrachten Wacholders, dessen stechender Geruch den Besucher stets an Lhasa erinnern wird. Hier gibt es auch einen kleinen Markt mit allem, was man für die Pilgerreise brauchen könnte:

Pilger während einer kurzen Rast vor dem Jokhang-Tempel

Tibeterin auf der Pilgerroute rund um den Potala-Palast beim Berühren der Gebetsmühlen

Yakbutter, Gebetsfahnen, Gebetsmühlen und – natürlich – frischen Wacholder.

In der großen Tempelvorhalle stehen zwei riesige Gebetsmühlen, die der Strom der Wallfahrer in ständiger Bewegung hält. Im Innenhof werfen sich Pilger jeden Alters immer wieder voller Demut auf den Boden, ohne dass ihnen dies scheinbar etwas ausmachen würde.

Im Jokhang-Tempel selbst verläuft eine Doppelreihe von Gebetsmühlen um die Außenwände der Haupthalle. Diese innere Wallfahrtsroute wird als Nangkhor bezeichnet, und alle hier vorbeiziehenden Pilger versuchen, jede Gebetsmühle durch Handberührung in Gang zu halten, während sie ständig Gebete rezitieren.

Im Inneren der dunklen Haupthalle ist die Luft schwer vom Geruch der Yakbutter, die in Lampen brennt, und das monotone Murmeln der Mönche vermittelt eine ehrfürchtige Atmosphäre. Die Pilger ziehen um die Außenmauern der Haupthalle, vorbei an kleinen Schreinen und Statuen, da das Innere den Mönchen, den Statuen früherer Äbte und einem riesigen goldenen Buddhabild vorbehalten bleibt.

Lampen mit Yakbutter im 1300 Jahre alten Jokhang-Tempel

Wallfahrer auf dem Barkhor

Vergoldetes Dach des Jokhang-Tempels

Über Lhasa thront der 13 Stockwerke hohe und über 1000 Räume umfassende Potala-Palast. Die ehemalige Residenz des Dalai-Lama, des geistigen Führers der tibetischen Buddhisten, ist heute jedoch ein Museum. Während ich durch die Privaträume schritt, erfüllte mich ein Gefühl der Schuld und der Trauer, da ich erkannte, dass er und nicht ich hier hätte sein müssen. Auch um den Potala-Palast gibt es eine außen herum verlaufende Pilgerroute mit Gebetsmühlen, die ähnlich dem Barkhor, in Dauerbewegung gehalten werden.

Der Dalai-Lama, der 1959 nach der Angliederung Tibets an China (1951) ins Exil ging, erklärte kürzlich, er glaube nicht, Tibet werde je wieder unabhängig. Die Tibeter genießen heute zwar mehr Glaubensfreiheit als früher unter den Chinesen, Bilder des Dalai-Lama bleiben dennoch verboten und Dissidenten werden unerbittlich verfolgt. Die Ansiedlung von Chinesen in Tibet bewirkte, dass die Tibeter heute eine Minderheit im eigenen Land sind, sodass selbst eine Volksbefragung über die Zukunft Tibets den Status quo nicht ändern würde.

ⓘ

Für eine politisch sensible Region wie Tibet können sich die Reisebestimmungen immer ändern. Für Tibet sind ein Visum und eine Sondererlaubnis nötig. Man kann aus Kathmandu, Nepal, starten, doch lässt sich nach Einreise die erteilte Aufenthaltsdauer nicht ändern. Wer aus Chengdu in China anreist, kann den Rückflugtag ändern, der Aufenthalt in Lhasa darf aber nicht die Gültigkeit des Visums überschreiten. In beiden Städten lassen sich Gruppenreisen organisieren; die Genehmigung dafür dauert einige Tage. Zurzeit (2003) sind Individualreisen nur von Chengdu aus möglich. In Lhasa kann das Reiseunternehmen Shigatse Travels bei der Programmgestaltung helfen. Billigere Unterkünfte gibt es meist im tibetischen Stadtteil. Viele Reisende wollen eher tibetische als chinesisch geführte Unternehmen unterstützen, sodass sie für ein Mehr an Atmosphäre den fehlenden Komfort in Kauf nehmen.

Eingang zur großen Gebethalle des Jokhang-Tempels

Khamba-Frau auf der Barkhor genannten Pilgerroute; im Hintergrund der Potala-Palast

Yangshuo
Guilin, China

Waldbedeckte Karstfelsen bei Xingping

Die belebte Touristenstadt Guilin in der Provinz Guangxi ist weltberühmt für die kegelförmigen Kalkfelsen, die majestätisch aus dem üppigen Grün der Reisfelder emporragen. Am eindrucksvollsten präsentiert sich die Landschaft flussabwärts am Li Jiang bei Yangshuo.

Zwar befahren Schiffe diese Strecke, sie bedienen aber vorrangig den boomenden einheimischen Tourismus und fordern überhöhte Preise von ausländischen Reisenden, die sie in wenig romantischen Konvois flussabwärts befördern. Eine bessere Alternative besteht darin, per

Bus von Guilin nach Yangshuo zu reisen, sich dort einige Tage einzuquartieren, ein Fahrrad zu mieten und damit die Umgebung nach Lust und Laune zu erkunden.

Abgetragene oder ausgehöhlte Karstfelsen trifft man auch an anderen Orten an, z. B. im laotischen Vang Vieng und in Viñales auf Kuba, doch nirgendwo sonst haben sie eine derartige Vielfalt und Größe wie hier. Die bizarren bewachsenen Kegelberge erstrecken sich so weit das Auge reicht und tragen so fantasievolle Namen wie »Aufsteigender Löwe«, »Fünf-Finger-Berg« oder »Großvaters wachender Apfel«.

Am besten startet man frühmorgens oder am späten Nachmittag; so vermeidet man die Tageshitze und hohe Luftfeuchtigkeit und auch die Lichtverhältnisse sind günstiger. Sonnenaufgang und -untergang schaffen eine eigenartige Stimmung, auch wenn das Wetter nicht immer mitspielt, wozu nicht zuletzt der Smog der Industrieanlagen der Umgebung beiträgt. Die beste Aussicht genießt man vom Gipfel eines der Kegelberge. Der Blick vom Yueliang (Mondberg) auf ein Meer von Karstfelsen, deren Gipfel aus dem Morgendunst aufragen, zählt zu den Höhepunkten dieser Landschaft und belohnt den Reisenden für die 30-minütige Radfahrt und den ebenso lange dauernden Aufstieg. Eine atemberaubende Aussicht auf die Karstberge um Yangshuo in der untergehenden Sonne genießt man vom Pantaoberg, dessen Gipfel man über einen steilen Pfad erreicht. Dieser ist zwar mit Fernsehantennen und Radiomasten übersät, bietet aber einen ungehinderten Rundumblick. Dennoch sollte man hier nicht allzu lange verweilen, um nicht in völliger Dunkelheit den beschwerlichen Rückweg antreten zu müssen.

Etwa eine Stunde dauert die Busfahrt ins nördlich von Yangshuo gelegene Xingping, wo man zu einer Flussfahrt durch die imposante

Bizarre Felskegel prägen die Landschaft um Yangshuo.

Blick vom Mondberg auf einen der schroffen Karstgipfel

Landschaft entlang dem Li Jiang starten kann. Diese Tour kann man in Yangshuo in jedem Restaurant oder Gästehaus buchen und führt vorbei an zahllosen Kegelbergen und Reisfeldern. Die meisten dieser Fahrten passieren auch das über 500 Jahre alte Fischerdorf, das der ehemalige US-Präsident Bill Clinton besucht hat.

Wasserbüffel bei Xingping

Am Stadtrand von Xingping befindet sich die wohl bekannteste Attraktion dieser Region: eine Flussschleife zwischen Karstfelsen, die sich auf der Rückseite des 20-Yuan-Geldscheins wiederfindet. Abbild und Wirklichkeit sind tatsächlich identisch, bis hin zu Details wie der Gruppe überhängender Bambuspflanzen. Alles ist hier noch weitgehend ursprünglich, was umso mehr überrascht, als die Chinesen gerne überall bunte Lichter aufhängen und kitschige Bauten errichten, die sie – keineswegs ironisch – als »Aussichtsplatz auf die unverdorbene Landschaft« bezeichnen.

In einem Atemzug mit den Karstbergen Guilins wird das nächtliche Kormoranfischen genannt, das auch auf den meisten Ansichtskarten dargestellt ist. Touristen können eine Bootsfahrt unternehmen und beobachten, wie die Fischer auf den Fischfang abgerichtete Kormorane einsetzen. (Das Abrichten lässt manches zu wünschen übrig,

denn die Fischer ziehen es immer noch vor, die Hälse der Vögel abzuschnüren, damit diese die Beute nicht verschlucken.) Außerdem finden sich immer Fischer, die sich am Flussufer herumtreiben und bereit sind, für einige Yuan zu posieren.

ⓘ

Direktflüge verbinden Guilin mit Beijing, Shanghai, Chengdu und anderen Städten. Nach Yangshuo verkehren Busse fast stündlich und benötigen für die Strecke einige Stunden. Yangshuo besitzt Unterkunftsmöglicheiten aller Kategorien, von preiswerten Gästehäusern bis zum Dreisternehotel Yangshuo Resort Hotel. Ausflüge nach Xingping oder zu den Kormoranfischern können in Hotels, Restaurants oder Gästehäusern gebucht werden; die meisten vermieten auch Fahrräder für Exkursionen in die Umgebung.

Flussschleife bei Xingping, wie sie auch auf 20-Yuan-Geldscheinen abgebildet ist.

Blick vom Pantaoberg auf ein Meer steil aufragender Felskegel

Ansicht des Doms von der Festungsmauer aus

Dubrovnik
Kroatien

Blick vom Norden auf das Häusermeer der Altstadt

Wer auf die roten Ziegeldächer der Altstadt hinabblickt, die malerisch an der Adriaküste liegt, glaubt kaum, dass die Geschichte der Stadt entscheidend von politischen Intrigen, Krieg und Zerstörung geprägt wurde. Der Schein trügt aber und Dubrovnik blickt auf eine bewegtere Vergangenheit zurück als die meisten europäischen Städte.

Im Lauf seiner langen Geschichte war Dubrovnik – bis 1918 hieß die Stadt Ragusa – überwiegend eine unabhängige Stadtrepublik. Im 13. Jahrhundert kam es unter venezianische Oberhoheit und etwa 150 Jahre später in den kroatisch-ungarischen Einflussbereich. Durch diplomatisches Geschick und Tributzahlung bewahrte Dubrovnik seine Eigenständigkeit und stieg zu einem mächtigen Wirtschaftszentrum auf. Seine wachsende Bedeutung spiegelt sich auch in der Errichtung zahlreicher ziviler Bauvorhaben, darunter die gewaltigen Stadtmauern mit ihren Bastionen und Türmen. Obwohl Dubrovnik 1526 unter osmanische Oberhoheit kam, setzte sich der Aufschwung fort, bis es

durch ein Erdbeben 1667 zerstört wurde. Der Wiederaufbau erfolgte 1683, doch die wechselnden Handelsbündnisse und die Kriege, die Europa im 18. Jahrhundert erschütterten, beschleunigten den Niedergang Dubrovniks. Den Gnadenstoß erhielt die Stadt 1808, als Napoleon ihre Unabhängigkeit auch formell aufhob.

In den 1990er-Jahren nach dem Zerfall Jugoslawiens geriet Dubrovnik erneut in den Mittelpunkt der Öffentlichkeit: Im serbisch-kroatischen Krieg wurde es während einer siebenmonatigen Belagerung, die im Mai 1992 endete, durch 2000 Geschosse, die in die Altstadt einschlugen, schwer beschädigt. Dennoch gelang es Dubrovnik, seinen einzigartigen Reiz zu bewahren. Und in der Tat – die Spuren der Verwüstungen wurden so erfolgreich beseitigt, dass man den Touristen

Meterdicke Mauern umschließen die ins Meer hinausragende Altstadt. Im Vordergrund der Hafen

Von den Festungsmauern reicht der Blick bis zur Insel Lokrum im Hintergrund.

es nicht übel nehmen kann, wenn sie denken, die Stadt sei vom Krieg verschont geblieben.

Am besten lernt man Dubrovnik bei einem Spaziergang auf den Wehrmauern aus dem 15. Jahrhundert kennen, die die Altstadt umschließen. An der höchsten Stelle erhebt sich der Minčeta-Turm, der die schönsten Ausblicke auf das Häusergewirr, die engen Gassen und Innenhöfe der Altstadt, auf die dem Hafen vorgelagerte Insel Lokrum und die Adria gewährt. Eindrucksvoll ragen die Kirchen und ihre Türme über die roten Dächer hinaus, während die Abendsonne mit ihrem goldenen Licht das Häusermeer überzieht.

Die beliebteste Flaniermeile ist die Placa (oder Stradun). Sie teilt die Stadt in zwei Hälften und reicht über mehr als 200 Meter vom westlich gelegenen Pile-Tor bis zur Glockenloge am Eingang zum alten Stadthafen. Die Placa ist mit Steinplatten ausgelegt, die von den Schuhsohlen der zahllosen Fußgänger mittlerweile glatt geschliffen sind. Zu beiden Seiten wird die Straße von Läden gesäumt.

Ein Bummel durch die engen Seitengassen, die von der Placa abzweigen, lässt erkennen, wie geschlossen diese Stadtgemeinschaft

Am Steilufer der Adria erheben sich die mächtigen Festungsmauern.

Straße mit der Wehrmauer im Hintergrund

war. Die Häuser der Altstadt sind klein, eng aneinander geschmiegt, dazwischen spannen sich Wäscheleinen, Kinder spielen auf der Gasse, während die Nachbarn auf den Stufen vor dem Haus oder am Fenster miteinander plaudern.

Dank seiner prachtvollen Lage an einer der schönsten Küsten Europas bietet sich Dubrovnik als idealer Ort zur Entspannung an. Zwar fehlt ihm die Erhabenheit Venedigs, und auch die Macht und der Einfluss, die die Stadt im 15. und 16 Jahrhundert prägten, gehören schon längst der Vergangenheit an, dennoch strahlt diese kleine und bescheidene Stadt einen unverwechselbaren Charme aus.

ⓘ

Nach Dubrovnik gibt es zahlreiche Charterflüge; man kann aber auch mit einem Linienflug nach Belgrad fliegen und anschließend mit der Croatia Airlines nach Dubrovnik. Die Stadt verfügt über ein reichhaltiges Angebot an Übernachtungsmöglichkeiten, wobei sich die Hotels der gehobeneren Kategorien außerhalb der Altstadt befinden. Eine der besten Adressen ist das Fünfsternehotel Excelsior mit einem schönen Ausblick auf den Hafen.

Die belebte Flaniermeile Placa (oder Stradun) im Zentrum der Altstadt, von den Stadtmauern aus gesehen

Ephesos
Türkei

Säulen säumen die zum Domitianstempel führende Straße.

Sonnenuntergang über dem antiken Amphitheater

Die Ruinen von Ephesos zählen zu den besterhaltenen Stätten der römischen Antike im Mittelmeerraum. Obwohl bisher nur knapp 10 Prozent der Siedlung freigelegt wurden, vermittelt die Vielfalt der Funde einen überaus lebendigen Eindruck vom Alltag der einstigen Bewohner dieser Stadt: Die öffentlichen Thermen verfügten über Latrinen, gegenüber der Celsusbibliothek befand sich das Bordell, die weitläufige Agora belegt die bedeutende Rolle des Handels im Leben von Ephesos, zahlreiche Tempelruinen überziehen die Stadt und ein Friedhof für Gladiatoren gibt Aufschluss über deren Leben.

Die Ruinen erstrecken sich entlang den Hängen zweier Hügel auf zwei verschiedenen Ebenen, die durch die ansteigende Kuretenstraße miteinander verbunden werden. Der niedriger gelegene Stadtbereich reichte bis an den antiken Hafen und umfasste u. a. ein Amphitheater, das 25 000 Zuschauern Platz bot und heute noch bespielt wird, sowie die mächtige Ruine der Celsusbibliothek. Erhalten blieben ihre Fassade mit den ursprünglichen Eingängen in das Gebäude sowie Pfeiler, Statuen und Fenster, die zwei Geschosse einnehmen. Bei der Errichtung dieses Bauwerks wurden ausgeklügelte Techniken zur

Vortäuschung der Perspektive verwendet, sodass es, vom Erdgeschoss aus betrachtet, weitaus größer wirkt, als es tatsächlich ist.

Die Kuretenstraße mit ihren breiten Steinplatten und dem raffinierten Kanalisierungssystem verläuft von der Celsusbibliothek zum höher gelegenen Stadtteil. Zu beiden Seiten wird sie von Säulen und Fassaden gesäumt – den Überresten terrassenförmig angelegter Häuser, von Thermen und verschiedenen Tempeln.

Hadrianstempel

An der kleinasiatischen Westküste in der heutigen Türkei gelegen wurde Ephesos im 10. oder 11. Jahrhundert v. Chr. von Griechen besiedelt und stieg zu einem blühenden Hafen mit rund 200 000 Einwohnern auf. Im 6. Jahrhundert v. Chr. entstand der Artemistempel, eines der sieben Weltwunder des Altertums. Die heutigen Ruinen

Fassade der Celsusbibliothek

Die Kuretenstraße, gesehen vom Memmiusdenkmal (unten rechts) in Richtung Celsusbibliothek

Eindrucksvoll erheben sich die zweigeschossigen Säulen der Fassade der Celsusbibliothek.

entstammen einer Stadt, die im 3. Jahrhundert v. Chr. von Lysimachos, einem Feldherrn Alexanders des Großen, gegründet wurde. Im 2. Jahrhundert v. Chr. kam Ephesos zu Rom und wurde Zentrum des frühen Christentums. (Der Apostel Paulus besuchte mehrfach die Stadt, wo auch Johannes begraben sein soll.)

Das Ephesos Museum in Selçuk besitzt eine reichhaltige Sammlung von Fundobjekten und Statuen aus Ephesos, die dem Besucher ein besseres Verständnis vom Leben und Alltag dieser Stadt vermitteln.

ⓘ

Der Ephesos am nächsten gelegene Flughafen befindet sich im 30 Kilometer von Selçuk entfernten Izmir. Die antike Stätte ist für Besucher von 8.00 Uhr bis 19.00 Uhr geöffnet, doch kann man sich mindestens noch etwa eine Stunde länger zwischen den Ruinen aufhalten. Gelegentlich sind die Ruinen auch nachts beleuchtet. Die meisten Touristen besuchen Ephesos im Rahmen von Tagesausflügen, die von Badeorten wie Kusadasi aus organisiert werden. Wer die antike Stätte aber gründlicher erkunden möchte, sollte dafür im drei Kilometer entfernten Selçuk übernachten. Die beste Adresse vor Ort ist das Hotel Kalehan.

Ruinen der Agora unweit der Celsusbibliothek

In einer Fassadennische der Celsusbibliothek stehende Statue

Celsusbibliothek

Der Bund

Shanghai, China

Blick vom Hotel Peace auf Pudong, den Bund und den Huangpu-Fluss

Es gibt nur wenige Städte in der Welt, aus deren Namen ein Verb abgeleitet wurde, doch im Fall der pulsierenden Stadt Shanghai erfolgte dies mit Recht. Das Verb »schanghaien« bezeichnete zunächst das gewaltsame Anheuern eines Matrosen, später bedeutete es jedoch, jemanden durch List dazu bringen, etwas zu tun.

Dieses Verb trifft völlig zu auf die Stadt, die einst das Handelszentrum Chinas und weiter Teile Asiens gewesen ist, sich aber durch Lasterhaftigkeit, Spielsucht, Prostitution und Opium »auszeichnete«. Nach

Gebäude am Bund

dem Ersten Opiumkrieg, als China die Einfuhr dieser Droge wieder legalisieren musste, durften die Briten 1842 die erste Handelsniederlassung gründen. Fünf chinesische Seehäfen, darunter auch Shanghai, mussten sich den Ausländern öffnen. Damit begann die kommerzielle Ausbeutung Chinas durch Europa. Durch Handel entstanden riesige Vermögen, die am Spieltisch ebenso schnell wieder verloren gingen. Shanghai baute auf Intrigen und überließ die Straßen den kriminellen Banden. Nicht umsonst war die Stadt als »Hure des Orients« berüchtigt.

Zum Einkauf mit dem Fahrrad in der Altstadt Shanghais

Bald erhielten auch andere Länder, darunter Frankreich, dieselben Rechte wie die Briten und Shanghai wurde zu einer europäisch geprägten Stadt. Es überzog sich mit einem Hauch von Ehrbarkeit, als der »Bund« (anglo-indischer Name für »Kaimauer«) angelegt wurde, eine von Hochhäusern gesäumte Uferpromenade am Huangpu. Hier hatten Handelskontore, Versicherungen und Banken ihren Sitz. Das stattlichste war das Customs House, eines der wenigen Gebäude am Bund, das seinen ursprünglichen Zweck – als Seezollamt – bis heute erfüllt. Sehenswert ist ferner das Peace Hotel (früher Cathay Hotel), eine der vornehmsten Adressen der Stadt. Das Hotel mit seinem Art-déco-Interieur erinnert heute am stärksten an den einstigen Glanz.

Shanghais Laster und Intrigen setzten die Kommunisten 1949 ein Ende, als sie die Stadt einnahmen, doch jetzt lebt die Vergangenheit

Die Skyline von Shanghai und der Bund

Panoramablick auf Shanghai von der Spitze des Oriental Pearl Tower

wieder auf: Schlendert man auf dem Bund, werden einem falsche Rolexuhren und gelegentlich sogar Sex angeboten.

Als Zeichen chinesischer Machtdemonstration befahl die Stadtverwaltung nicht den Abriss der Zeugnisse kolonialer Vergangenheit – sie ließen die Bauten am Bund »schrumpfen«: An einem Ufer des Huangpu wurde einem Sumpfgebiet die Pudong New Area abgewonnen, auf der seit 1990 Wolkenkratzer in die Höhe schießen. Die spektakulärsten sind der Oriental Pearl Tower und der 88 Stockwerke hohe Jinmao Tower, in dessen 35 obersten Etagen das Grand Hyatt Hotel untergebracht ist.

Blickt man von der Aussichtsplattform des Oriental Tower oder von der Cloud Nine Bar des Hyatt Hotels auf die Stadt hinab, so meint man, die in die Höhe schießenden Türme wollten den Hochhäusern am Bund drohen und sie in den Fluss verdrängen. Dennoch bleibt der Bund eines der Symbole der Stadt. Auch ist der Bund immer noch Mittelpunkt des Lebens von Shanghai. Vom frühen Morgen, wenn sich hier

Wäscherei im Freien in der Altstadt

Blick vom Peace Hotel auf den neuen Stadtteil Pudong

all jene drängen, die Drachen steigen lassen, wenn Rentner Tai-Chi und Qigong praktizieren, über Mittag, wenn Besucher sich vor der Kulisse des Bund und Pudong fotografieren lassen, bis in den Abend, wenn die Stadtbewohner in der Kühle, die vom Fluss aufsteigt, flanieren, stets herrscht hier Hektik und pulsierendes Leben.

Alten Straßen begegnet man noch in der als Chinesenstadt bezeichneten Altstadt. Es mag verwundern, in einer chinesischen Stadt eine Chinatown zu haben; das ist jedoch ein Relikt aus der Zeit der Europäer, als die Einheimischen nur in bestimmten Stadtteilen wohnen durften. Im einstigen britischen Park am Ende des Bund wies ein Schild ausdrücklich darauf hin, dass der Zutritt für »Chinesen und Hunde« verboten sei.

Viele alte Gassen und Häuserreihen mussten den Türmen des modernen Shanghai weichen und selbst für den verbliebenen Rest sind die Tage im Namen des Fortschritts gezählt. Das Flair einer traditionellen chinesischen Stadt strahlen noch die Gassen zwischen dem

Fluss und dem Jade-Garten (Yu Yuan) aus. Der zur Zeit der Ming-Dynastie (Mitte 16. Jahrhundert) angelegte Park mit Steingärten, Schatten spendenden Becken sowie Pagoden bildet eine Oase der Stille inmitten der lärmenden Stadt; einzig der benachbarte Yu-Yuan-Basar mit seinen »alten« Läden trübt etwas die Ruhe.

Das Leben im alten Shanghai scheint sich seit Generationen nicht verändert zu haben. Die Gegenwart ist weniger dramatisch, der Alltag verläuft immer noch gemächlich, unterbrochen nur durch das Zwitschern der Grillen, die – als Glücksbringer – in kleinen Bambuskäfigen gehalten werden.

ⓘ

Shanghai ist das wohl wichtigste internationale Tor Chinas zur Welt und wird von allen großen Fluggesellschaften angeflogen. Zwar gibt es Unterkünfte aller Art, letztlich hat man aber nur die Wahl zwischen dem traditionsreichen Peace Hotel am Bund oder dem neuen Grand Hyatt in einem Wolkenkratzer. Die Stadt hat sich enorm ausgebreitet, die meisten Attraktionen finden sich aber entlang dem Fluss, entweder am Bund oder in dem neuen Gebiet von Pudong. Shanghai verfügt über eine hochmoderne U-Bahn, man kann aber auch mit der Fähre ans andere Flussufer hinübersetzen. Ein Muss für die Touristen ist ein Besuch der Vorstellung mit den berühmten Zirkusartisten von Shanghai.

Morgendliche Übungen auf dem Bund

Gebäude am Bund

Kuppel und Minarett der Moschee Bibi Chanym

Kuppel der Medrese Tillja-Kari

Samarkand
Usbekistan

Samarkand liegt an der Seidenstraße, jener antiken Handelsroute, die von China über den Mittleren Orient bis ans Mittelmeer führte. In der Stadt, die es durch Handel zu Reichtum brachte, entstanden einige der herausragendsten Bauwerke der islamischen Welt.

Detail an der Medrese Schir-Dor

Wegen seiner strategischen Lage wurde Samarkand im Lauf seiner langen und blutigen Geschichte wiederholt geplündert und zerstört. Die im 6. Jahrhundert v. Chr. gegründete Stadt wurde 329 v. Chr. von Alexander dem Großen erstmals erobert. Mit der Entwicklung der Karawanenwege in den folgenden Jahrhunderten gewann die Stadt an Macht und Einfluss, obwohl sie von Hunnen und Turkvölkern erobert wurde. Dass sie weiterhin erblühte, bestätigte auch der buddhistische Reisende Xuan Zang, als er 630 n. Chr. Samarkand erreichte.

In jener Zeit folgte Samarkand der persischen Glaubenslehre des Zarathustra, nahm aber nach der Eroberung durch Qutaiba bin Muslim 712 den Islam an. Dies markierte den Beginn der ersten großen islamischen Blütezeit, die 1220 endete, als Dschingis Khan die Stadt eroberte und einen Großteil der Einwohner niedermetzelte.

Als Marco Polo im späten 13. Jahrhundert in Samarkand ankam, war die Stadt bereits wieder aufgebaut. Der usbekische Nationalheld Timur-Leng erhob Samarkand 1369 zur Hauptstadt Transoxaniens und erweiterte durch Feldzüge sein Großreich von Indien bis nach Syrien. In seiner Residenz ließ er die prächtigsten Gebäude errichten, u. a. die

Bibi-Chanym-Moschee. Unter seinem Enkel Ulug Beg fiel die Stadt an die Usbeken. Ulug Begs Urenkel Babur konnte sie 1512 zurückerobern, wurde aber vertrieben und floh nach Indien, wo er das Mogulreich begründete. Damit endete Samarkands Blütezeit. Von Erdbeben zerstört, geplündert und wirtschaftlich geschwächt kam es 1868 an Russland und wurde 1924 Teil der Sowjetunion.

Traditionelles Zentrum der Stadt ist der Registanplatz, einer der schönsten seiner Art in ganz Asien. Ihn begrenzen an drei Seiten Medresen, islamische Hochschulen. Unter Ulug Beg wurde der Platz angelegt und die erste Medrese erbaut. Zum Platz hin sind die mächtigen Eingangsportale der drei Medresen (Ulug Beg, Schir-Dor und Tillja-Kari) ausgerichtet. Hinter den Portalen öffnet sich ein weiter Innenhof, um den herum sich auf zwei Etagen die Wohnzellen der Studenten befinden.

Ironischerweise waren es die Sowjets, die trotz ihrer antireligiösen und islamfeindlichen Haltung den Wiederaufbau des Registanplatzes und der angrenzenden Bauten vorantrieben. So etwa wurden die reich verzierten Minarette und die mit türkisfarbenen Ziegeln bedeckten

Detail des Wandschmucks an der Moschee Bibi Chanym

Medrese Schir-Dor mit Eingangsiwan

Nische zum Studium für einen islamischen Studenten

Medrese Schir-Dor mit Eingangsiwan und gekappten Minaretten

Medrese Schir-Dor, Detail der Wandverzierung

Kuppeln restauriert, deren Schillern an das kostbare und oft so seltene Wasser erinnern soll.

Da der Islam figürliche Darstellungen verbietet, sind die Medresen verziert mit geometrischen Motiven, kufischen Koranzitaten und Inschriften, die die Herrlichkeit des Bauwerks preisen. Einzigartig ist daher der Dekor an der Fassade des Eingangsportals zur Schir-Dor-Medrese: Zwei Tiger, die sich auf eine Hirschkuh stürzen, und im Hintergrund eine Sonne mit menschlichem Antlitz. Dieser Verstoß wird teilweise dem Geltungsdrang des Herrschers, der die Medrese erbaut hatte, zugeschrieben, sowie dem Einfluss der persischen Lehre des Zarathustra, die auch die Sonnenverehrung kannte.

Die Ulug-Beg- und Schir-Dor-Medresen werden zu beiden Seiten von »gekappten« Minaretten eingefasst, die nicht für den Muezzin bestimmt waren, sondern der Dekoration dienten, da die Medresen Unterrichtsstätten und keine Moscheen waren. Zu Timur-Lengs Zeiten dienten die Minarette auch öffentlichen Hinrichtungen: Von ihrer Spitze wurden die in einen Sack gesteckten Verurteilten in die Tiefe gestoßen.

Gegen ein Trinkgeld könnte der Wächter erlauben, die Stufen zur Spitze des Nordminaretts der Ulug-Beg-Medrese emporzusteigen, von wo man die Stadt bis zur Bibi-Chanym-Moschee überblickt, die Timur-Leng nach der Eroberung Delhis (1398) mit den besten Architekten und Künstlern jener Zeit errichten ließ.

In dem angrenzenden Basar pulsiert das Leben wie einst, als Gewürze, Gold und Webstoffe hierher gebracht und gehandelt wurden.

Heute kann man noch jene runde Kopfbedeckung kaufen, die von usbekischen Muslimen getragen wird, sowie exotische Gewürze, die an die Zeit erinnern, als Pfeffer und Safran kostbarer als Gold waren.

Architektonisches Detail am Registanplatz

ⓘ

Samarkand ist leicht erreichbar per Bus oder Flugzeug von der Hauptstadt Taschkent aus, die von verschiedenen Fluglinien angeflogen wird. Uzbekistan Air besitzt eine überraschend moderne Flotte und ein recht gut ausgebautes internationales Liniennetz. Samarkand verfügt über zahlreiche Hotelbetten, darunter das Viersternehotel Presidential Palace.

Medrese Schir-Dor mit Eingangsiwan, gekappten Minaretten und kannelierter Kuppel

Killary Harbour
Connemara, Irland

Connemara ist für viele eine Region, die am besten den Reiz Irlands und seiner einsamen Westküste verkörpert. Buchten und Meeresarme prägen die zerklüftete Steilküste, am großartigsten zeigt sich die Landschaft jedoch bei Killary Harbour, wo Berge und Meer an der Grenze der Grafschaften Galway und Mayo zusammentreffen.

Der Hafen, der die Mweelrea und Sheefry Mountains am Nordufer von den Maumturk Mountains und den Twelve Bens am Südufer trennt, ist Irlands einziger natürlicher Fjord. Er entstand, als der steigende Wasserspiegel die tief eingeschnittenen Gletschertäler überflutete.

Gesamtansicht von Killary Harbour aus der Nähe von Tully Cross, Grafschaft Galway; im Hintergrund der Mweelrea

Etwa anderthalb Kilometer nördlich vom Hafen, in Mayo, liegt Delphi Lodge und weiter talaufwärts der zerklüftete Pass Doo Lough. 1849 unternahmen von der Hungersnot betroffene Einwohner einen Marsch von Mayo durch diesen Pass nach Delphi Lodge, viele kamen aber auf der beschwerlichen Reise um.

Südlich vom Hafen, wenige Kilometer hinter Lough Fee, liegt am Fuß des Berges Duchruach am Ufer des Lough Pollacappul das von Benediktinerinnen bewohnte Kloster Kylemore Abbey. Von den Küsten rund um Renvyle südlich von der Fjordmündung genießt man den besten Blick auf den Hafen, seine Berge und die Insel Inishbofin.

Der Western-Wanderweg verläuft durch Connemara und die Höhenzüge um den Hafen. Der Wegabschnitt oberhalb vom Hafen, westlich von Leenane, bietet einen schönen Ausblick auf die Sonne, die im Hafenbereich zu versinken scheint, und auf die Inseln im Fjord.

Das am äußersten Fjordrand gelegene Dorf Leenane, oft auch »Pforte zu Connemara« genannt, bietet großartige Aussichten auf den Hafen und auf zwei reizvolle Pubs, die dem Ort für hiesige Verhältnisse schon das Flair einer Großstadt verleihen. Ob man dort Zuflucht sucht vor einem der regelmäßigen Regengüsse oder übernachtet, um den Abend zu genießen, bald schon sorgen die Geschichten von den

Ballynakill Harbour, Grafschaft Galway

Idylle am Lough Doo

legendären craigs (den guten, alten Zeiten) für eine entspannte Atmosphäre.

Wegen des Atlantiks und den Bergen ist das Wetter in diesem Teil der Welt extrem unbeständig, sodass es sich von einem Augenblick zum nächsten verändern kann. Der Gipfel des Mweelrea, der höchsten Erhebung in Connemara, ist selbst bei gutem Wetter fast immer wolkenverhüllt und Stürme können urplötzlich aufziehen. Bei Schönwetter jedoch gibt es keine reizvollere Landschaft als Connemara.

Galway, Shannon und Dublin sind die nächstgelegenen Flughäfen von Killary Harbour. Die Autofahrt nach Leenane dauert von diesen Flughäfen etwa 1 1/2, drei bzw. fünf bis sechs Stunden. Die nächste größere Ortschaft ist Clifden, das zahlreiche Unterkunftsmöglichkeiten bietet. Überall gibt es Hotels und Campings. Das Wetter kann rau und sehr unbeständig sein – wenn Sie jedoch von Ort zu Ort reisen, wird Sie das Schönwetter schon mal erreichen. Beste Reisezeit ist der Sommer, wenn auch die meisten Besucher kommen. Weitgehend ähnliche Wetterbedingungen wie im Sommer herrschen zwischen Mai und September.

Grasbewachsene Dünen bei Doovira, Grafschaft Mayo. Folgende Doppelseite: Sonnenuntergang bei Renvyle, Grafschaft Galway

Heute kann man noch jene runde Kopfbedeckung kaufen, die von usbekischen Muslimen getragen wird, sowie exotische Gewürze, die an die Zeit erinnern, als Pfeffer und Safran kostbarer als Gold waren.

Architektonisches Detail am Registanplatz

ⓘ

Samarkand ist leicht erreichbar per Bus oder Flugzeug von der Hauptstadt Taschkent aus, die von verschiedenen Fluglinien angeflogen wird. Uzbekistan Air besitzt eine überraschend moderne Flotte und ein recht gut ausgebautes internationales Liniennetz. Samarkand verfügt über zahlreiche Hotelbetten, darunter das Viersternehotel Presidential Palace.

Medrese Schir-Dor mit Eingangsiwan, gekappten Minaretten und kannelierter Kuppel

Killary Harbour
Connemara, Irland

Connemara ist für viele eine Region, die am besten den Reiz Irlands und seiner einsamen Westküste verkörpert. Buchten und Meeresarme prägen die zerklüftete Steilküste, am großartigsten zeigt sich die Landschaft jedoch bei Killary Harbour, wo Berge und Meer an der Grenze der Grafschaften Galway und Mayo zusammentreffen.

Der Hafen, der die Mweelrea und Sheefry Mountains am Nordufer von den Maumturk Mountains und den Twelve Bens am Südufer trennt, ist Irlands einziger natürlicher Fjord. Er entstand, als der steigende Wasserspiegel die tief eingeschnittenen Gletschertäler überflutete.

2
40
7
23
11
36
8
37
25
14
39
6
28
34
38
19
32
35
16
4
1
18
29
24
27
31
33
12
26

1 ANGKOR WAT, KAMBODSCHA
2 ST PETERSBURG, RUSSLAND
3 HAVANNA, KUBA
4 WAT PHRA KEO, BANGKOK, THAILAND
5 GRAND CANYON, USA
6 TAJ MAHAL, INDIEN
7 EILEAN DONAN CASTLE, SCHOTTLAND
8 DIE ALHAMBRA, SPANIEN
9 AITUTAKI, COOK-INSELN
10 KUKULKÁN-PYRAMIDE, MEXIKO
11 VENEDIG, ITALIEN
12 TOTES VLEI, NAMIBIA
13 IGUAÇU, BRASILIEN/ARGENTINIEN
14 PETRA, JORDANIEN
15 COLLEGE FJORD, ALASKA
16 KARNAK-TEMPEL, ÄGYPTEN
17 RIO DE JANEIRO, BRASILIEN
18 TAMAN NEGARA, MALAYSIA
19 JAISALMER FORT, INDIEN
20 GALÁPAGOSINSELN, ECUADOR

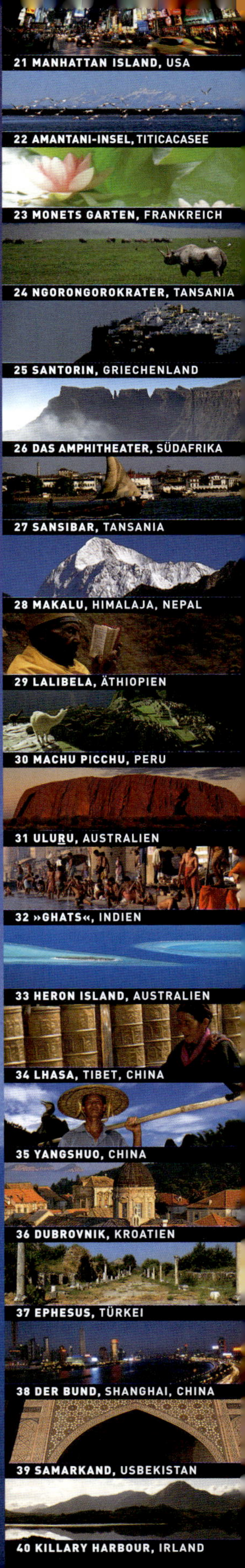

21 MANHATTAN ISLAND, USA
22 AMANTANI-INSEL, TITICACASEE
23 MONETS GARTEN, FRANKREICH
24 NGORONGOROKRATER, TANSANIA
25 SANTORIN, GRIECHENLAND
26 DAS AMPHITHEATER, SÜDAFRIKA
27 SANSIBAR, TANSANIA
28 MAKALU, HIMALAJA, NEPAL
29 LALIBELA, ÄTHIOPIEN
30 MACHU PICCHU, PERU
31 ULURU, AUSTRALIEN
32 »GHATS«, INDIEN
33 HERON ISLAND, AUSTRALIEN
34 LHASA, TIBET, CHINA
35 YANGSHUO, CHINA
36 DUBROVNIK, KROATIEN
37 EPHESUS, TÜRKEI
38 DER BUND, SHANGHAI, CHINA
39 SAMARKAND, USBEKISTAN
40 KILLARY HARBOUR, IRLAND

Internetadressen

Kambodscha

Bangkok Airways
www.bangkokair.com

Amansara Resort
www.amanresorts.com

Tourismusministerium
www.mot.gov.kh

St Petersburg, Russland

Intourist
www.intourist.com

Kuba

Tourismusministerium
www.cubatravel.cu

Thailand

Tourism Authority of Thailand
www.tourismthailand.org

USA

Grand Canyon
El Tovar Lodge
www.grandcanyonlodges.com

The National Parks Department
www.nps.gov/grca/grandcanyon

New York
www.iloveny.com

Alaska
www.travelalaska.com

Indien

Indian Trends, Delhi
www.indiantrends.com

Naryan Niwas Palace
www.narayanniwas.com

Mr Desert Camel Safaris, Jaisalmer
www.mrdesertjaisalmer.com

Amarvilas Hotel, Agra
www.tridenthotelsgroup.com

Tourismusministerium
www.tourisminindia.com

Schottland

Scottish Tourist Board
www.visitscotland.com

Spanien

Spanish Tourist Board
www.tourspain.es

Paradores of Spain
www.parador.es

Cook-Inseln

Air Rarotonga
www.ck/airrarotonga

Aitutaki Pacific Resort
www.pacificresort.com

Cook Islands Tourism
www.cook-islands.com

Mexiko

Mayaland Hotel
www.mayaland.com

Mexican Tourist Board
www.visitmexico.com

Venedig

Europa and Regina Hotel
www.starwood.com

Tourist Board of Venice
www.turismovenezia.it/eng

Namibia

Wilderness Safaris Namibia
www.wilderness-safaris.com

Namibia Tourismus
www.namibiatourism.com

Jordanien

Royal Jordanian Airways
www.rja.com.jo

Jordan Tourism Board
www.see-jordan.com

Movenpick
www.moevenpick-hotels.com

Ägypten

Egyptian State Tourist Office
www.touregypt.net

Egyptair
www.egyptair.com.eg

Brasilien

Brazil Tourist Board
www.embratur.gov.br

Las Cataratas Hotel
www.tropicalhotel.com.br

Macuco Safari
www.macucosafari.com.br

Helisight, Rio de Janeiro
www.helisight.com.br

Malaysia

Taman Negara Resort
www.tamannegararesort.com

Tourism Malaysia
www.tourism.gov.my

Galapagos

Metropolitan Touring
www.metropolitan-touring.com

Ministry of Tourism
www.vivecuador.com

Titicaca See und Machu Picchu

South American Experience, London
www.southamericanexperience.co.uk

Orient Express
www.orient-express.com

Peru Tourist Board
www.peru.org.pe

Giverny, Frankreich

Information website
www.giverny.org

Tansania

Sopa Lodge, Ngorongoro Crater
www.sopalodges.com

Abercrombie & Kent Travel
www.abercrombiekent.com

Air Excel
reservations@airexcelonline.com

Hotel Arusha
www.newarushahotels.com

Tanzania Tourist Board
www.tanzania-web.com

Santorin, Griechenland

Santorini Hotels online booking service
www.santorini-hotels.net

Greek National Tourism Organization
www.gnto.gr

Südafrikanische Republik

Ezemvelo KZN Wildlife
www.kznwildlife.com

Nepal

Nepal Tourism Board
www.welcomenepal.com

Äthiopien

Ethiopian Airlines
www.flyethiopian.com

Ethiopian Tourism Commission
www.visitethiopia.org

Australien

Qantas
www.qantas.com.au

Ayers Rock Resort
www.ayersrockresort.com.au

Heron Island Resort
www.heronislandresort.com.au

Australian Tourist Commission
www.australia.com

Tibet

Tibet Government in Exile
www.tibet.com

China Tourism
www.cnta.com

China

Peace Hotel, Shanghai
www.shanghaipeacehotel.com

China Tourism
www.cnta.com

Dubrovnik, Kroatien

Croatian National Tourist Office
www.croatia.hr

Hotel Kompas, Dubrovnik
www.hotel-kompas.hr

Ephesus, Türkei

Hotel Kalehan, Selçuk
www.kalehan.com

Republic of Turkey, Ministry of Culture and Tourism
www.turizm.gov.tr

Samarkand, Usbekistan

Cox and Kings Travel
www.coxandkings.co.uk

Tourism Usbekistan
www.tourism.uz

Irland

Renvyle House Hotel, County. Galway
www.renvyle.com

Tourism Ireland
www.tourismireland.com

Danksagung

Die folgenden Organisationen und Institutionen haben uns tatkräftig bei unseren Reisen und unseren Fototerminen unterstützt. Wir danken ihnen für ihre Großzügigkeit und ihren Weitblick. Ohne sie wäre dieses Projekt nicht möglich gewesen.

Fotografie: Classic Photographic, London. **Indien:** Indian Trends, Delhi; Naryan Niwas Palace. **Cook-Inseln:** Air Rarotonga; Aitutaki Pacific Resort; Cook Islands Tourism. **Mexiko:** Mayaland Hotel. **Venedig:** The Europa and Regina Hotel. **Namibia:** Wilderness Safaris Namibia. **Brasilien:** Brazil Tourist Board; Las Cataratas Hotel; Macuco Safari; Helisul Helicopter Tours, Foz do Iguaçu; Helisight, Rio de Janeiro. **Jordanien:** Royal Jordanian; Jordan Tourism Board. **Malaysia:** Taman Negara Resort. **Galapagos:** Metropolitan Touring. **Titicaca-See und Machu Picchu:** South American Experience, London; Orient Express. **Tansania:** Sopa Lodge, Ngorongoro Crater; Abercrombie & Kent Travel; Air Excel; Hotel Arusha. **Südafrikanische Republik:** Ezemvelo KZN Wildlife. **Äthiopien:** Ethiopian Airlines. **Australien:** Qantas; Ayers Rock Resort; Heron Island Resort. **China:** Peace Hotel, Shanghai. **Dubrovnik:** Croatian National Tourist Office; Hotel Kompas, Dubrovnik. **Ephesus:** Hotel Kalehan; Republic of Turkey, Ministry of Culture and Tourism. **Irland:** Renvyle House Hotel; Tourism Ireland.

Nicht zuletzt gilt mein besonderer Dank Marc Schlossman, der für dieses Buch folgende Destinationen fotografiert hat: St. Petersburg, Eilean Donan Castle, Totes Vlei, College Fjord, Galapagos Inseln, Manhattan Island, Titicacasee, Giverny, Drakensberg, Makalu, Machu Picchu, Dubrovnik, Ephesos und Killary Harbour.

Impressum

Erstveröffentlichung: 2004

Übersetzung und Redaktion:
Erwin Tivig
Satz: Maren Gehrmann

Printed in Great Britain

Englische Originalausgabe
©2004 by BBC Books, BBC Worldwide Ltd. Woodlands, 80 Wood Lane, London W12 0TT

Deutsche Bibliothek –
CIP-Einheitsaufnahme
Ein Titeldatensatz für diese Publikation ist bei Der Deutschen Bibliothek erhältlich.

ISBN 3-7654-4169-4